Zita Frede
Hedwig Landwehr

So steht es in der Bibel:

Weihnachten
Ostern
Pfingsten

Drei Lernzirkel in Stationen
für einen offenen Religionsunterricht
in den Jahrgangstufen 3 und 4

AV Auer Verlag GmbH

Gedruckt auf umweltbewusst gefertigtem, chlorfrei gebleichtem und alterungsbeständigem Papier.

1. Auflage. 2003
Nach der Neuregelung der deutschen Rechtschreibung

Illustrationen: Kirsten Straßmann
Gesamtherstellung: Ludwig Auer GmbH, Donauwörth
ISBN 3-403-0**3730**-4

Inhaltsverzeichnis

A. Biblische Themen im offenen Religionsunterricht

Im Religionsunterricht der Grundschule kann immer weniger davon ausgegangen werden, dass die Kinder ein **grundlegendes religiöses Wissen** aus ihren bisherigen Lebenserfahrungen mitbringen. Themen des christlichen Glaubens werden in Familien heute seltener angesprochen und am Leben der Pfarrgemeinden wird immer weniger Anteil genommen. So finden in der Regel **religiöse Vollzüge** im Familienleben oder in Gottesdiensten kaum noch statt.

Die großen **kirchlichen Hochfeste Weihnachten, Ostern und Pfingsten** bescheren allen Deutschen je zwei unterrichts- bzw. arbeitsfreie Tage. Das **Nachdenken** darüber, warum diese Feste gefeiert werden, findet aber nur noch sehr selten statt. Der christliche und vor allem der biblische Bezug zu diesen Festen schwindet zunehmend. Darum ist es eine wichtige Aufgabe des Religionsunterrichts, Kindern ein solides Basiswissen zu vermitteln, auf dessen Grundlage über Sinn, Bedeutung und Tradition dieser christlichen Hochfeste nachgedacht werden kann. So wird den Kindern auch die Möglichkeit eröffnet, diese Feste in neuer Weise mitzufeiern.

Kindern die **biblischen Texte von Weihnachten, Ostern und Pfingsten** vorzustellen, sie damit **bekannt** und **vertraut** zumachen, ist das Anliegen des vorliegenden Bandes. Die **biblische Botschaft** ist *die* **Grundlage christlichen Glaubens** und darum für die Vermittlung religiöser Inhalte unverzichtbar. Schon der heilige Hieronymus hat im 4. Jahrhundert gesagt: „Wer die Bibel nicht kennt, kennt Jesus Christus nicht." So bildet das vorliegende Material eine wichtige Grundlage für fast alle biblisch-theologischen wie christologischen Themenbereiche im Unterricht.

Viele Religionslehrer/innen beklagen heute, dass Kinder für biblische Geschichten wenig Interesse zeigen und darum oft nur schwer zu motivieren sind, sich mit ihnen zu beschäftigen. Nach unserer Erfahrung bieten **offene Unterrichtsformen** eine Chance diese Schwierigkeit zu überwinden. Gibt man Kindern die Möglichkeit selbst tätig zu werden, zu entdecken und auszuprobieren, eigene Entscheidungen bei der Auswahl vorgegebener Materialien zu treffen, ihre Zeit für die Arbeit individuell zu gestalten und eine entsprechende Sozialform selbst zu wählen, so steigen bei fast allen Kindern Motivation und Freude an der Arbeit. Deshalb kann in den hier vorliegenden **Lernzirkeln** eine neue Chance zur Begegnung und Beschäftigung mit biblischen Texten in den Klassen 3 und 4 gesehen werden.

B. Die Lernzirkel im freien Unterricht

Das Ziel, Kinder mit der biblischen Botschaft der christlichen Hochfeste Weihnachten, Ostern und Pfingsten vertraut zu machen, möchte diese Handreichung durch die Anleitung der Schüler/innen zum **Arbeiten im Lernzirkel** erreichen.

Der Lernzirkel ist ein **Lernen in Stationen**. Alle Kinder arbeiten alleine, mit einem Partner/einer Partnerin oder zu dritt gleichzeitig auf dasselbe **Lernziel** hin. Dabei sind sie mit unterschiedlichen Aufgaben der verschiedenen Stationen beschäftigt.

Jeder der **3 Lernzirkel** ermöglicht durch seinen Aufbau eine aspektreiche Betrachtungsweise der einzelnen Geschehnisse, von denen die Bibel erzählt: Den Kindern werden verschiedene **Bibeltexte** zum jeweiligen **Fest** vorgestellt, denen sie durch **unterschiedliche Arbeitsformen** in intensiver Beschäftigung begegnen können – auch der **sinnenhaften Begegnung** wird dabei Raum gewährt.

Jedem **Hochfest** ist ein **Lernzirkel** zugeordnet, in dem die Kinder **sechs verpflichtende Stationen** und **eine Wahlstation** durchlaufen. Hierbei lernen sie nicht nur den ersten biblischen Text des Zirkels kennen, sondern eignen sich auch die Arbeitsformen an, mit denen sie die weiteren Texte des Lernzirkels bearbeiten können. In der Wiederholung entstand nie das Gefühl von Langeweile oder Unlust, vielmehr erfuhren die Kinder im Laufe der Arbeit zunehmend **Sicherheit** und **Bestätigung** ihres Könnens. Sie erleben in dieser Weise die **Übertragbarkeit** einer erlernten **Arbeitstechnik** auf einen neuen Inhalt und erfassen durch die wiederkehrenden Arbeitsschritte den gesamten Lernzirkel als eine thematische Ganzheit, an dessen Ende ein überschaubares, aufeinander bezogenes Ergebnis steht.

Es ist in keinem Fall sinnvoll, die drei Lernzirkel wie in einem Lehrgang aneinander zu reihen, um so etwa die drei wichtigsten Hochfeste des christlichen Kirchenjahres zusammenhängend zu bearbeiten. Vielmehr will dieses Material als **ein Baustein in einer Unterrichtsreihe** zu den Themen Weihnachten, Ostern *oder* Pfingsten verstanden sein. Die Lernzirkel, wie sie hier vorliegen, ersetzen nicht den deutenden und erschließenden unterrichtlichen Umgang mit biblischen Perikopen und den daraus gewachsenen Traditionen unserer Hochfeste. Sie wollen die Kinder zu einer **grundlegenden Kenntnis** der biblischen Geschichten führen, die für die bedeutenden Feste Weihnachten, Ostern und Pfingsten grundlegend wichtig und unersetzbar sind: ein **solides Basiswissen der biblischen Inhalte** – nicht mehr, aber auch nicht weniger.

1. Zu den einzelnen Stationen

Die vorliegenden Lernzirkel sind in **sechs verpflichtende** (Stationen 1-6) und **eine Wahlstation** (Station 7) gegliedert:

Station 1: Textpuzzles zu den biblischen Geschichten
Station 2: Bildpuzzles als Veranschaulichung und gleichzeitig als Kontrolle zu den biblischen Geschichten
Station 3: Überschriften zum Text
Station 4: Merksätze zum Text
Station 5: Darstellungen aus der Kunst zu den biblischen Geschichten
Station 6: Schriftliche Fixierung für eine Sammelmappe
Station 7: Ein Mandala oder ein Rahmenblatt für ein eigenes Bild

Das **Kennenlernen** der biblischen Geschichten zu Weihnachten, Ostern und Pfingsten wird ermöglicht durch die Arbeit mit Text- und Bildpuzzles **(Stationen 1 und 2)**. Eine erste **Vergewisserung**, dass die Inhalte von Text und Bild in richtiger Weise verstanden wurden, erfolgt durch die Zuordnung der Überschriften und Merksätze **(Stationen 3 und 4)**.
Die **5. Station** ist von anderer Qualität. Sie möchte die Schüler/innen einladen, die kennen gelernten Bibeltexte aus der interpretierenden Sicht eines Künstlers zu betrachten. Hierzu steht den Kindern eine **Auswahl von Kunstbildern** verschiedener Epochen zur Verfügung, aus der sie „ihr" Bild zu „ihrer" Geschichte auswählen können. Diese Auswahl soll anschließend begründet werden. Alle Kunstbilder zum jeweiligen Lernzirkel werden den Kindern an dieser Station ungeordnet zur Auswahl angeboten.

Die **Bildsprache** ermöglicht einen **emotionaleren Zugang** zu den Aussagen des kennen gelernten Textes. Die Beschäftigung mit Darstellungen aus der Kunst stellt für die Schüler/innen einen **besonderen Anreiz** dar: Hier werden ihre Augen herausgefordert; die Kinder müssen vergleichend und auswählend betrachten und ihre Auswahl begründen. An dieser Station hat es sich in der Praxis als besonders sinnvoll erwiesen, die Kinder zu **Partner- oder Gruppengesprächen** beim Vergleich der Bilder und ihrer Auswahl anzuregen.

An den **Stationen 6 und 7** bearbeiten die Kinder Aufgaben, die zur Herstellung einer **Sammelmappe** führen. Das anschauliche Material zu den wesentlichen Erzählungen unseres Glaubens sichert das biblische Basiswissen und ermöglicht es den Kindern, sich nochmals mit den Texten individuell auseinander zu setzen. In kleinen **gestalterischen Arbeiten** werden die gewonnenen Eindrücke **vertieft**.

Die hier beschriebenen sieben Stationen ermöglichen den Kindern ein **selbstständiges Arbeiten** ohne Lehrer/innenanleitung und eine weitgehende **Selbstkontrolle** (Stationen 1-4). Sie führen zu **Erfolgserlebnissen** und Selbstbestätigung; ebenso fördern sie das **Gespräch** mit dem Partner/der Partnerin (Station 5).

Der Stationenwechsel erfolgt individuell. Die Zeit pro Aufgabe ist nicht festgesetzt; die Kinder bestimmen ihr Arbeitstempo selbst. Die Schüler/innen können aus der Anzahl der zu bearbeitenden Texte auswählen. In all dem liegt die Möglichkeit der **Differenzierung**. Die einzelnen Stationen bieten **verschiedene Lernzugänge** zur Thematik, wobei auch das **spielerische Element** nicht fehlt (Station 2). Das schriftliche Festhalten sichert die **Arbeitsergebnisse** (Station 6) und regt zu **gestalterischem Tun** an. Diesem Ziel dient die Station 7 und auch die mögliche Ausgestaltung des Deckblattes für die Sammelmappe (Kopiervorlagen je zu Beginn der Lernzirkel auf den Seiten 20, 63 und 110).

2. Erstellung des Arbeitsmaterials

- Die **Textpuzzles** und die dazugehörenden **Bildpuzzles** werden in einer Anzahl **kopiert**, die es den Kindern ermöglicht, in Partnerarbeit damit umgehen zu können. Bei einer Klassenstärke von z. B. 24 Kindern müssen die **fünf Weihnachtspuzzles** je **dreimal**, die **sechs Osterpuzzles** je **zweimal** und die **drei Pfingstpuzzles** je **viermal** kopiert werden. Entsprechendes gilt für das Kopieren der **Überschriften** und **Merksätze**. Alle Kinder müssen an Station 1 beginnen.
- Um **Einzelelemente** zu erhalten, die übersichtlich und leicht zu sortieren sind, empfiehlt sich das **Kopieren** auf **buntes Papier** oder **Pappe**; Textpuzzle und dazugehöriges Bildpuzzle erhalten die gleiche Farbe. Alle Überschriften werden auf Papier in einer bisher noch nicht verwendeten Farbe kopiert. Die Merksätze erhalten ebenfalls eine eigene Farbe. Die verschiedenen Farben der einzelnen Materialen erleichtern das Sortieren und das Arbeiten.
- Wenn man auf Kopien in verschiedenen Farben verzichten möchte, sollte man **weiße Kopien** rückseitig mit einer **Musterung** versehen. So sind die einzelnen Teile leichter zu erkennen und zu sortieren. Hierfür finden sich vorgedruckte Musterbögen stets im Anschluss an die Text- und Bildpuzzles.
- Wenn die Möglichkeit besteht, sollte man die Text- und Bildpuzzles, die Überschriften und Merksätze **laminieren**. Auf diese Weise erhält man ein **lange haltbares Lernmaterial**. So sorgfältig hergestellt genügt es ästhetischen Ansprüchen, setzt Standards und wirkt für die Kinder vorbildlich beim eigenen Arbeiten.
- Die vorbereiteten, ggf. laminierten **Text- und Bildkopien** werden in die vorgegebenen **Streifen zerschnitten**. Jedes Textpuzzle und das dazugehörige Bildpuzzle wird in je eine eigene **Hülle** oder einen Umschlag gesteckt. Es hat sich als praktisch erwiesen, die Hüllen oder Umschläge mit **Nummern** zu versehen. Textpuzzle 1a entspricht dem Bildpuzzle 1a usw. Bei den **Weihnachtspuzzles** müssen die Hüllen oder die Umschläge noch die Angabe des **biblischen Verfassers Mt oder Lk** enthalten.

- Für die schriftliche Fixierung der **Arbeitsergebnisse** benötigen die Kinder **DIN A4-Blätter**, die sie später in eine Sammelmappe einheften können.
- **In Klassenstärke kopiert** werden müssen:
  - die **Arbeitsblätter** mit den Fragen zu den Kunstbildern (Station 5);
  - die **Ausmalbilder** (Station 6), hier empfiehlt sich das Auseinanderschneiden der Einzelbilder;
  - die **Mandalas** (Station 7);
  - die **Rahmenblätter** für ein eigenes Bild (Station 7);
  - das **Deckblatt** zum Lernzirkel, wenn eine Sammelmappe angelegt wird.

Die Erfahrung mit der Arbeit an Station 5 (Darstellungen aus der Kunst) zeigt, dass mindestens zwei Darstellungen zu jeder biblischen Geschichte des Lernzirkels aus verschiedenen Epochen sehr reizvoll für die Kinder sind, besser wären drei. Im Anhang (Seiten 137–152) befinden sich je zwei Kunstbilder zu den biblischen Geschichten der Lernzirkel. Diese muss der Lehrer/die Lehrerin für die Station 5 des jeweiligen Lernzirkels ausschneiden und den Kindern an dieser Station ungeordnet zur Auswahl anbieten.

Jedem Lehrer/jeder Lehrerin bleibt es überlassen, welche Bilder er/sie aus seinem/ihrem eigenen Fundus noch hinzufügt.

3. Realisierung im Unterricht

Jeder der drei Lernzirkel hat **vier Phasen**:

1. Einführung – Motivation
2. Rundgang bzw. gemeinsame Besprechung
3. Selbstständiges Arbeiten der Kinder
4. Schlussphase – Gespräch über die Arbeit und Lernergebnisse; Bedenken einzelner thematischer Aspekte; Präsentation von Arbeitsergebnissen.

Aus dieser Aufschlüsselung wird deutlich, dass für die vorgelegten Lernzirkel **mehrere Unterrichtsstunden** verwendet werden müssen. Der Zeitaufwand wird u. a. davon abhängig sein, wie gut die Lesekompetenz der Schüler/innen ist und ob sie bereits Erfahrungen mit weitgehend selbstständigen Arbeitsformen gesammelt haben. In jedem Fall ermöglicht die Arbeit mit einem Lernzirkel eine Steigerung der Sach-, Sozial- und Ich-Kompetenz. Zu den vier Phasen des Lernzirkel nun Folgendes:

Phase 1: Einführung – Motivation

Als Einführung in einen Lernzirkel empfiehlt sich ein **Brainstorming zum Thema**: Weihnachten bzw. Ostern bzw. Pfingsten. Alle genannten Begriffe werden an der Tafel gesammelt. Die Schüler/innen vermuten, welche der gesammelten Begriffe sich in der **Bibel** wiederfinden. Diese werden farbig markiert. Die gewonnene **Begriffssammlung** soll für das Gespräch in der Schlussphase **festgehalten** werden. Alternativ zum Brainstorming kann jedes Kind auch spontan ein Bild zum genannten Fest malen. Diese Bilder bieten dann eine ähnliche – vielleicht farbigere – Gesprächsgrundlage als das Brainstorming.

Phase 2: Rundgang bzw. gemeinsame Besprechung

Der **Lernzirkel** mit den deutlich **nummerierten Stationen** wird im Klassenzimmer geordnet verteilt, sodass alle sieben Stationen für die Kinder gut erreichbar sind. Die **Arbeitsanweisung** wird in mehrfacher Ausfertigung gut sichtbar an verschiedenen Stellen des Lernzirkels angeboten. Zu Beginn der Arbeit wird sie vorgelesen und besprochen. Hierbei wird auf den Standort der jeweiligen Station hingewiesen.

Phase 3: Selbstständiges Arbeiten der Kinder

- Die Kinder wählen mit einem Partner/einer Partnerin an der **1. Station** ein Textpuzzle und bearbeiten es an ihrem Platz im Klassenraum. Weil es sich um einen geschlossenen Lernzirkel handelt, beginnen alle an der 1. Station gleichzeitig. Hier muss der Lehrer/die Lehrerin den Kindern ordnend zur Seite stehen, wenn sie ihr Material an der 1. Station abholen. Dieses Problem stellt sich an den weiteren Stationen nicht mehr, da das unterschiedliche Arbeitstempo der Kinder den Zugriff auf die weiteren Stationen entzerrt.

- Bei **Problemen** und **Schwierigkeiten** sollen die Kinder angeleitet werden, zunächst miteinander Lösungen zu finden: z. B. durch Ratholen bei den Mitschüler/innen, die diese Station bereits durchlaufen haben. Der Lehrer/die Lehrerin sollte die wirklich letzte „Hilfsinstanz" sein.

- Treten beim Legen des **Textpuzzles** unüberwindliche Schwierigkeiten auf, so kann das **Bildpuzzle** von Station 2 auch als Hilfe genutzt werden. Im Regelfall dient es der Kontrolle.

- Bei den **Text- und Bildpuzzles** befinden sich am linken Rand kleine **Anlautbilder**. Diese geben dem Lehrer/der Lehrerin die Möglichkeit, mit einem Blick (oder Handgriff) korrigierend zu helfen. Die Anlautbilder ergeben folgende biblische Begriffe oder Namen:

  Lernzirkel Weihnachten:
  In Nazaret – Betlehem – der Retter – Weihrauch – Herodes

  Lernzirkel Ostern:
  Johannes – Hoffnung – Synagoge – Apostel – Jerusalem – Tiberias

Lernzirkel Pfingsten:
Geist - Taufe - Mahl

- Die **Stationen 3, 4** und **5** können in ihrer Reihenfolge von den Kindern **frei gewählt** werden.
- Die Auswahl und Zuordnung der **Kunstdarstellungen** an Station 5 erfordert von den Kindern das genaue Hinschauen und eine Deutung der Bilder. Der Titel des Bildes und die Quellenhinweise auf der Rückseite der Bilder sollten dabei von ihnen beachtet werden; dort findet sich auch die Auskunft über das Alter der Darstellung. Ein **Arbeitsblatt** mit Fragen zum Bild (Kopiervorlagen auf den Seiten 40, 86 und 122) hilft bei der Arbeit.
- Für die schriftliche Fixierung der **Arbeitsergebnisse** - Station 6 - benötigen die Schüler/innen **DIN-A4-Blätter**, die sie in einer Mappe sammeln. Schnell arbeitenden Schüler/innen steht es frei, einige besonders bedeutsame Passagen aus den Bibeltexten abzuschreiben.
- Bei Station 7 finden die Schüler/innen **Mandalas** zum Ausmalen. Die Mandalas zeigen Symbolbilder zum Thema Licht:

  - Weihnachten: Stern
  - Ostern: Sonne
  - Pfingsten: Feuer

Alternativ dazu kann jedes Kind sein **eigenes Weihnachts-, Oster- oder Pfingstbild** malen; dazu werden ansprechende **Rahmenblätter** angeboten. So bietet die Station 7 insgesamt die Möglichkeit, die kennen gelernten biblischen Geschichten emotional und meditativ zu vertiefen.

Phase 4: Schlussphase

- Die **Abschlussrunde** mit den Kindern ist von großer Bedeutung. Nach unserer Erfahrung möchten die Kinder oft noch weiter arbeiten und sind zu diesem Zeitpunkt am gemeinsamen Gespräch wenig interessiert. Es ist aber wichtige Aufgabe dieser Phase, die **Einzelarbeit** der Kinder inhaltlich qualitativ **abzurunden**. Beim gemeinsamen Gespräch können sie Begriffe und Erkenntnisse, die sie während ihrer Arbeit gewonnen haben, zur Sprache bringen, Fragen stellen, sich austauschen. Auf diese Weise erfährt jedes Kind Interesse an seinen Arbeitsergebnissen, persönliche Anerkennung und Bestätigung.
- In der gemeinsamen Schlussphase werden **Zusammenhänge** erschlossen und tiefere **Einsichten** gewonnen, die den Kindern allein nicht möglich wären. Der gesamte Arbeitsablauf sollte reflektiert, sowie der **Bezug** zum **Brainstorming** oder den **Bildern** der **Einführungs- und Motivationsphase** (Phase 1) hergestellt werden. Hier können Unterschiede und Übereinstimmungen, Neues und Bekanntes und auch Wertungen zur Sprache kommen.

- Während der Schlussphase kann gemeinsam überlegt werden, in welcher Reihenfolge die Blätter der Station 6 in die **Sammelmappe** abgeheftet werden. So können die Kinder im Laufe der Lernzirkelarbeit ihr **eigenes biblisches Buch zu Weihnachten – Ostern - Pfingsten** gestalten. Die thematischen **Deckblätter**, die als Kopiervorlagen zur Verfügung stehen, können dafür von den Kindern bunt gestaltet werden und die einzelnen Kapitel zu den christlichen Hochfesten einleiten. Die Erstellung eines solchen Buches kann sich unter Umständen auf zwei Schuljahre verteilen.

Die **Abschlussphase** führt die Lerngruppe gedanklich wieder zusammen. **Lernwege** und **Lerninhalte** werden reflektiert und mit der Sammelmappe hält jedes Kind ein sichtbares Zeichen seines Arbeitserfolges in Händen. Die Mappe wird zum Zeichen der **Würdigung der geleisteten Arbeit**.

Die weiterführende Unterrichtsarbeit

Im **Anschluss** an die intensive Beschäftigung der Kinder mit den biblischen Texten im **Lernzirkel**, empfiehlt sich in jedem Falle eine **weitere unterrichtliche Auseinandersetzung** mit den „großen" Themen Weinachten, Ostern und Pfingsten.

In einer geführten Gesprächsrunde sollen die Kinder zum Bedenken, Erklären und Deuten der Aussageabsicht der biblischen Geschichten geführt werden. Hier geht es darum, ein erstes Verständnis für die Zeichenhaftigkeit und die unterschiedliche Aussageabsicht biblischer Geschichten zu gewinnen. Ein **Unterrichtsvorschlag** für diese Arbeit findet sich im Anschluss an jeden der drei Lernzirkel: Weihnachten ab Seite 50; Ostern ab Seite 98; Pfingsten ab Seite 129.

I.
Lernzirkel WEIHNACHTEN

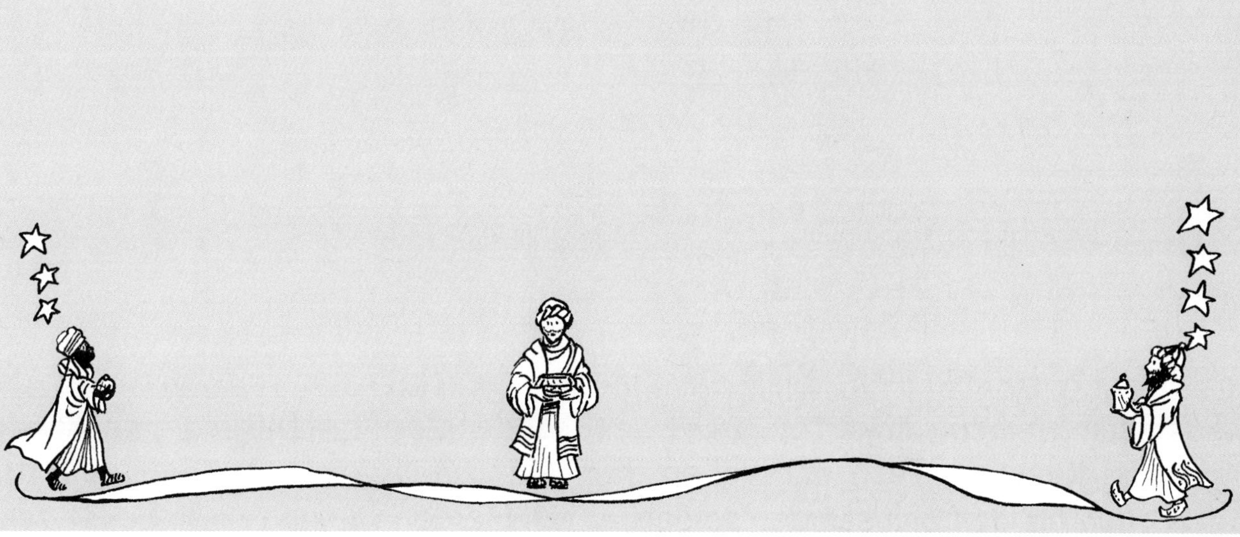

Lernzirkel Weihnachten

1. Thematische Einführung: Die biblischen Texte nach Matthäus und Lukas

Von den vier Evangelisten des Neuen Testaments haben nur **Matthäus** und **Lukas** eine **Kindheitsgeschichte Jesu** aufgeschrieben. Das älteste der Evangelien - nach Markus - beginnt gleich mit Jesu Taufe. Hieran wird deutlich, dass am Anfang der Verkündigung durch die Apostel Jesu öffentliches Wirken, sein Tod und seine Auferstehung im Mittelpunkt standen. Erst später gewann die Frage nach dem Beginn des irdischen Lebens Jesu an Bedeutung.

Darum ist die **„Baurichtung" der Evangelien** anders als unsere Leserichtung. Wir beginnen beim Lesen der Evangelien und auch bei der **Feier des Kirchenjahres** mit der Geburt Jesu und wenden uns dann Wort und Werken des erwachsenen Jesus zu. Schließlich folgen die Passionsberichte und die Ostererzählungen. Bei dieser Weise zu lesen und zu feiern dürfen wir nicht aus dem Blick verlieren, dass alle Texte des Neuen Testaments in Passion und Auferstehung Jesu ihren Kristallisationspunkt haben. Die Weihnachtserzählungen sind also nur von Ostern her zu verstehen, was im folgenden Schaubild kurz veranschaulicht ist:

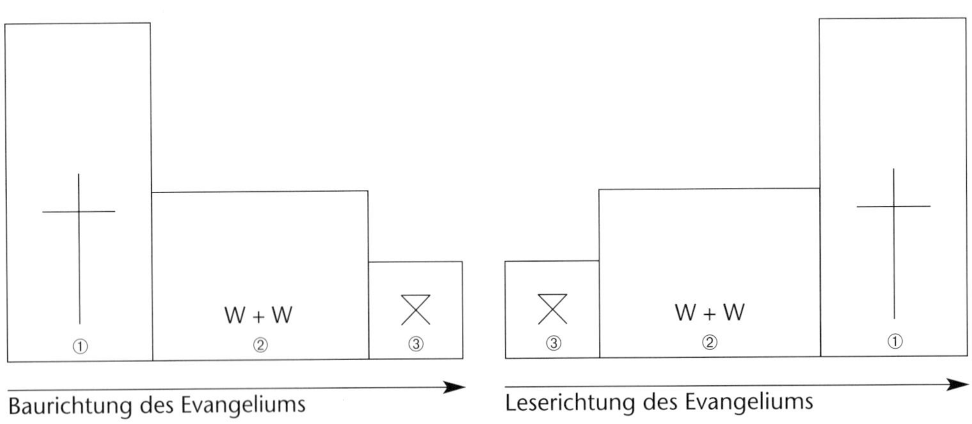

So ist auch zu erklären, dass die Kindheitsgeschichten von Matthäus und Lukas kaum Gemeinsamkeiten aufweisen, sondern die Entfaltung einer Theologie der Kindheit Jesu darstellen. Für Matthäus war besonders wichtig, Jesus auch als den Erlöser der so genannten Heiden vorzustellen. Er ist zwar zum Haus Israel gesandt, doch letztendlich haben alle Menschen Anteil an der Zusage Gottes. Dies wird bei Matthäus besonders deutlich in der Erzählung von dem Besuch der Sterndeuter aus dem Osten (Mt 2,1-12), die nur bei ihm zu finden ist.

Bedeutungsvoll für das Christusbild des Lukas ist die Verkündigung, dass Jesus vor allem der Heiland der Armen ist. In ihm wendet sich ein barmherziger und gütiger Gott besonders den Kleinen und Unterdrückten zu. Die Verkündigung der Geburt Jesu an die Hirten auf dem Feld (Lk 2,8-20) lässt diese Absicht des Lukas ganz besonders deutlich werden.

Für den **Lernzirkel Weihnachten** wurden für die Kinder folgende Perikopen ausgewählt und nah am Bibeltext für Grundschüler/innen erzählt:

Aus dem Matthäusevangelium:

1. Der Besuch der Sterndeuter (Mt 2,1-12)
2. Die Flucht nach Ägypten (Mt 2,13-15.19-20)

Aus dem Lukasevangelium:

1. Die Verkündigung der Geburt Jesu an Maria (Lk 1,26-38)
2. Die Geburt Jesu (Lk 2,1-7)
3. Die Verkündigung an die Hirten (Lk 2,8-20)

Im Lernzirkel sind die Perikopen des Weihnachtsgeschehens in der Reihenfolge **Verkündigung an Maria - Geburt - Verkündigung an die Hirten - Besuch der Sterndeuter - Flucht nach Ägypten** angeordnet. Für die Auslegung dieser biblischen Erzählungen ist die Berücksichtigung folgender **Textelemente** besonders wichtig:

- bei Lukas:
  Engel - Kind - Krippe - Hirten;
- bei Matthäus:
  der Stern - das Haus -
  die Sterndeuter aus dem Osten -
  die Geschenke der Weisen

Die Engel

Die Botschaft der Engel: „Euch ist heute der Retter geboren" (Lk 2,11), geht nicht von Menschen aus. Diese Botschaft kommt von Gott. Das Lied der Engel ist nicht ein Lied, das Menschen erdacht haben: Vielmehr ist es ein Geschenk des Himmels. Und genau das will uns dieses ursprüngliche Weihnachtslied sagen: Ihr, die ihr alles selbst machen wollt, die ihr schließlich in eurer eigenen Leistung das Heil sucht und euch dabei heillos verrennt, lasst euch sagen: Das Heil der Menschen und der Welt könnt ihr nicht machen; den Heiland könnt ihr nicht machen. Aber das braucht ihr auch nicht, denn er ist euch geschenkt. Ihr verdankt ihn Gott, der euch dieses Geschenk des Himmels gibt!

Das Kind

„Das soll euch als Zeichen dienen: Ihr werdet ein Kind finden, das, in Windeln gewickelt, in einer Krippe liegt" (Lk 2,12). In diesen Worten der Engel an die Hirten auf dem Feld wird tatsächlich ein Kind zum Zeichen. Diese Ursprungserzählung des Christentums steht nicht im Zeichen eines starken Mannes, der freie Bahn schafft, sondern im Zeichen eines wehrlosen Kindes. Eine neue Art von Herrschaft also kommt in Betlehem zur Welt. Gott regiert in dem, was er tut, wie er sich den Menschen offenbart, nicht mit eisernem Zepter von oben herab, unnahbar. Vielmehr ist er ganz dicht an der Seite der Menschen, er lebt mitten unter ihnen. Das ist risikobeladen, das ist lebensgefährlich. Aber Gott zerbricht das Joch menschlichen Leidens und Sterbens, indem er in Jesus das Kreuz auf seine Schultern nimmt. So kann man nicht vom Kind in Betlehem sprechen ohne zu bedenken, welchen Weg Jesus gegangen ist. Er ist sich treu geblieben, entwaffnend in seiner Wehrlosigkeit. So gesehen ist er im Grunde seines Herzens immer Kind geblieben.

Die Krippe

Jesus von Nazaret kommt zur Welt ohne himmlischen Glanz. Der Neugeborene wird in eine Futterkrippe gelegt, von Maria in Windeln gewickelt, wie es jede Mutter tut: Jesus geboren als armer Leute Kind. Gott scheint in diesem ganz alltäglichen Geschehen zu schweigen (Lk 2,1–7). Dann aber bezeichnen die Engel dieses Krippenkind als den ersehnten Retter. Ist das nicht ein Widerspruch? Hier die Königsproklamation – dort die Krippe; hier der Retter und Herr – dort das Windelkind. Wer soll das miteinander vereinen können? Allein der Glaubende kann einen Zusammenhang finden: Der wirkliche Gott ist wirklicher Mensch, in Windeln gewickelt (zweimal wird das gesagt, damit es niemand überhört): nicht ein Wunderkind sondern ein Erdenkind. Gott nimmt Knechtsgestalt an (vgl. Phil 2,5–11). An Weihnachten beginnt sein Weg in unsere Welt. Dieser Weg endet am Kreuz.

Die Hirten

Den Hirten wird von einem Himmelsboten verkündet: „Euch ist heute der Retter geboren" (Lk 2,11). Das Geheimnis des Neugeboren wird nicht von Menschen entdeckt, die immer bestens informiert sind, weil sie im Mittelpunkt des gesellschaftlichen Interesses stehen. Vielmehr lässt Gott den Hirten die Geburt Jesu durch seine Engel verkünden: Sein Wort ist an Leute gerichtet, die nichts gelten und keinen besonderen Ruf genießen, die sozial und religiös deklassiert sind, die weit im Abseits bei Nacht auf dem Feld lagern. Die Hirten sind gesellschaftlich Letzte, die vor Gott Erste werden: Jesus, der Heiland der Armen und Sünder ist geboren.

Der Stern

„Wo ist der neugeborene König der Juden? Wir haben seinen Stern aufgehen sehen und sind gekommen, um ihm zu huldigen" (Mt 2,2). Das ist die einzige Frage, die die Sterndeuter bewegt. Sie fragen nach einem König - haben sie etwa politische Ambitionen? Wenn es ihnen um einen der vielen jüdischen Könige ginge, hätten sie wohl kaum „seinen Stern" wahrgenommen und sich seiner Führung anvertraut. Vielmehr steht ihr Weg im Zeichen alter Verheißungen, dass die Völker von den vier Winden nach Jerusalem kommen werden, um Gott anzubeten und ihm ihre Schätze zu bringen. Diese Zeit ist angebrochen. Auch wenn von Jerusalem niemand mitgeht, die Weisen aus dem Osten wissen, wo sie dran sind mit ihrem Stern: „Und der Stern, den sie hatten aufgehen sehen, zog vor ihnen her bis zu dem Ort, wo das Kind war; dort blieb er stehen" (Mt 2,9). Dort ist die Mission des Sterns beendet. Ein neues Licht ist aufgegangen, geht den Sterndeutern auf. Der wahre Stern ist nicht am Himmel zu finden, sondern auf der Erde, im Fleisch und Blut der Menschen.

Das Haus

Nicht der Palast des Herodes, ein einfaches Haus am Rande der Stadt ist die Wohnung des Messias. Hier lässt Gott „seinen" Stern leuchten. In dieser Sternstunde der Menschheit offenbart er sich als der, der auf der Seite der Menschen steht.

Die Geschenke der Weisen

Gold, Weihrauch und Myrrhe sind altorientalische Zeichen der Verehrung. Die Weisen huldigen dem neugeborenen König mit ihren Gaben. Diese Gaben können gedeutet werden: Gold als Zeichen der Königswürde, Weihrauch als Zeichen der Gottheit, die durch den Weihrauch verehrt wird und Myrrhe als Zeichen der Menschlichkeit und Sterblichkeit. Darin ist gut zusammengefasst, was die Bibel in ihrer Weihnachtsgeschichte verkündet: Gott ist Mensch geworden.

Vgl. für diesen Abschnitt:

Franz Kamphaus: Wenn Gott zur Welt kommt, Feiburg/Br. 1992.
Helmut Krätzl: Gott aber ist anders, Freiburg/Br. 1994.

Lernzirkel Weihnachten ARBEITSAUFGABEN

Die Evangelisten Matthäus und Lukas antworten mit ihren Erzählungen zu Weihnachten auf die Frage: **Wer ist Jesus?**
Um das herauszufinden, bietet dir dieser Lernzirkel fünf Erzählungen aus dem Neuen Testament an. Bearbeite entweder die zwei Geschichten von Matthäus **oder** die drei Geschichten von Lukas. Wenn du Zeit genug hast, kannst du alle fünf Texte bearbeiten!

- Von **Matthäus** stammen folgende Texte:
  - Der Besuch der Sterndeuter
  - Die Flucht nach Ägypten
- Von **Lukas** stammen folgende Texte:
  - Die Verkündigung der Geburt Jesu an Maria
  - Die Geburt Jesu
  - Die Verkündigung an die Hirten

DAS SIND DEINE AUFGABEN:

- Arbeite mit einem Partner/einer Partnerin zusammen.
- Ihr müsst auf jeden Fall mit Station 1 beginnen.

- **Station 1:**

Nehmt euch eines der Textpuzzles und legt die Sätze in der richtigen Reihenfolge zusammen. Es entsteht eine Geschichte aus der Bibel.

Der Textstreifen mit dem Stern  ist immer der erste Satz.

- **Station 2:**

Nehmt das Bildpuzzle in der Farbe oder mit dem Muster eures Textpuzzles. Legt aus den Streifen ein Bild. Vergleicht die Zeichen am Bildrand mit den Zeichen am Rand des Textpuzzles: Wenn sie in der gleichen Reihenfolge liegen, habt ihr alles richtig gemacht.

Für die **Stationen 3, 4 und 5** könnt ihr euch selbst überlegen, in welcher Reihenfolge ihr arbeiten möchtet:

- **Station 3:**

Sucht die passende Überschrift für eure Geschichte aus. Legt sie zu eurem Text und zu eurem Bild.

- **Station 4:**

Wählt den passenden Merksatz zu eurer Geschichte aus. Legt ihn auch dazu.

- **Station 5:**

Wählt ein Kunstbild aus, das zu eurer Geschichte passt und euch besonders gut gefällt. Schaut es euch genau an und sprecht über das Bild. Schreibt eure Gedanken auf das Arbeitsblatt, das bei den Kunstbildern liegt.

- Jetzt müssen auf eurem Tisch liegen:

  Textpuzzle – Bildpuzzle - Überschrift – Merksatz – Kunstbild – Arbeitsblatt

- **Station 6:**

An dieser Station arbeitet jeder für sich alleine. Du sollst deine Ergebnisse schriftlich festhalten. Gestalte deine eigene Text- und Bildsammlung zu den Weihnachtsgeschichten der Bibel:

- Nimm das passende Ausmalbild zu eurer Geschichte, male es aus und klebe es auf ein DIN-A4-Blatt.
- Schreibe die Überschrift zur Geschichte über das Bild und unterstreiche sie bunt mit einem Lineal.
- Schreibe auch den Merksatz zur Geschichte auf. Schreibe dabei die Wörter in Großbuchstaben in einer besonderen Farbe.

- **Station 7:**

Nimm dir ein Mandala und male es in aller Ruhe aus. Wähle Farben, die dir besonders gut gefallen. Wenn du willst, kannst du auch ein ganz eigenes Bild malen. Dazu kannst du das Blatt mit dem weihnachtlichen Rahmen nutzen.

Gott schickte den Engel Gabriel als seinen Boten nach Nazaret zu einer jungen Frau.

Ihr Name war Maria. Sie war verlobt mit einem Mann, der Josef hieß.
Josef war ein Nachkomme von König David.

Der Engel sprach: „Sei gegrüßt, Maria! Gott ist mit dir! Er hat dich zu etwas Großem auserwählt."

Maria erschrak. Sie überlegte:
„Was hat das nur zu bedeuten?"

Der Engel sprach: „Fürchte dich nicht, Maria.
Gott hat dich auserwählt.
Du wirst einen Sohn zur Welt bringen.

Du sollst ihm den Namen Jesus geben.
Jesus wird groß sein, mächtiger als König David.
Seine Herrschaft wird nie zu Ende gehen."

Maria fragte den Engel: „Wie soll das geschehen?
Ich bin ja noch nicht einmal verheiratet."

Der Engel antwortete: „Es wird durch Gottes Kraft geschehen, denn für Gott ist nichts unmöglich.
Darum wird dein Kind heilig sein und Sohn Gottes genannt werden."

Daraufhin sprach Maria: „Ich werde tun, was Gott will. Ich bin die Magd des Herrn."

Danach verließ sie der Engel. (nach Lukas)

In jener Zeit regierte in Rom Kaiser Augustus.

Augustus befahl: „Alle Menschen, die in meinem Reich leben, sollen sich für eine Volkszählung in Listen eintragen lassen.“

Jeder musste an den Ort gehen, aus dem seine Familie stammte, um sich dort in Listen eintragen zu lassen.

Josef stammte als Nachkomme von König David aus Betlehem.

Darum zog er mit Maria von Nazaret nach Betlehem.

Sie mussten kurz vor der Zeit, da Maria ihr Kind bekommen sollte, aufbrechen.

In Betlehem brachte Maria einen Sohn zur Welt.

Sie wickelte das Baby in Windeln und legte es in eine Futterkrippe.

Denn sie hatten in der Herberge keinen Platz gefunden.

(nach Lukas)

Nahe bei Betlehem weideten Hirten auf freiem Feld. Sie hielten Nachtwache bei ihren Herden.

Da erschien ihnen ein Engel und Gottes Licht umstrahlte sie. Da fürchteten sich die Hirten sehr.

Der Engel aber sprach zu ihnen:
„Fürchtet euch nicht! Denn ich verkünde euch und dem ganzen Volk eine große Freude:

Heute ist euch in Betlehem, in der Stadt Davids, der Retter geboren. Er ist der Christus, der Herr! Daran könnt ihr ihn erkennen: Ihr werdet ein Kind finden. Es ist in Windeln gewickelt und liegt in einer Krippe."

Plötzlich war neben dem Engel eine große Schar anderer Engel. Sie lobten Gott und sangen:
„Ehre sei Gott in der Höhe und Friede auf Erden den Menschen, die er liebt!"

Als die Engel in den Himmel zurückgekehrt waren, sagten die Hirten zueinander:
„Kommt, wir gehen nach Betlehem!"

Dort fanden sie Maria und Josef und das Kind, das in einer Krippe lag.

Als sie es sahen, erzählten sie, was ihnen über das Kind gesagt worden war. Alle, die es hörten, staunten über die Worte der Hirten.

Die Hirten kehrten auf ihr Feld zurück. Sie lobten Gott für alles, was sie gehört und gesehen hatten.

Maria und Josef gaben dem Kind den Namen, den der Engel Gabriel gesagt hatte: Jesus, das heißt: Gott rettet.

(nach Lukas)

Als Jesus zur Zeit des Königs Herodes in Betlehem geboren war, kamen gelehrte Männer aus dem Osten nach Jerusalem.

Die weisen Männer fragten: „Wo ist der neugeborene König der Juden? Wir haben seinen Stern aufgehen sehen. Wir sind gekommen, um ihn zu ehren und ihn zu beschenken."

Als König Herodes das hörte, erschrak er sehr und mit ihm ganz Jerusalem.

Herodes ließ alle Schriftgelehrten zu sich kommen und fragte sie: „Wo soll der neue König, der Messias, geboren werden?"

Die Schriftgelehrten antworteten: „Er wird in Betlehem geboren, in Judäa, so steht es schon bei den Propheten: Du, Betlehem, bist eine bedeutende Stadt, denn in dir wird der geboren, der das Volk Israel führen und retten soll."

Als Herodes dies von den Schriftgelehrten hörte, schickte er die weisen Männer nach Betlehem. Er sagte zu ihnen: „Geht und sucht sorgfältig nach dem Kind. Wenn ihr es gefunden habt, berichtet es mir, damit auch ich das Kind ehren und beschenken kann."

Als sich die Weisen wieder auf ihren Weg machten, zog der Stern, den sie schon weit im Osten gesehen hatten, vor ihnen her. Über dem Ort, wo Jesus geboren war, blieb er stehen.

Da wurden die Männer von großer Freude erfüllt. Sie gingen in das Haus, fanden das Kind und Maria, seine Mutter.

Sie fielen vor dem neugeborenen Kind nieder und verehrten es. Dann holten sie ihre Geschenke hervor und brachten Jesus Gold, Weihrauch und Myrrhe.

In der folgenden Nacht befahl ihnen Gott: „Geht nicht zu Herodes zurück!" Darum zogen sie auf einem anderen Weg zurück in ihre Heimat. (nach Matthäus)

Als die Weisen aus dem Osten gegangen waren, befahl Gott dem Josef im Traum: „Steh auf, nimm das Kind und seine Mutter.

Flieh nach Ägypten und bleibe dort, bis ich wieder zu dir spreche. Herodes wird das Kind suchen, um es zu töten.“

Gleich in der Nacht stand Josef auf. Er floh mit dem Kind und seiner Mutter Maria nach Ägypten.

Als Herodes merkte, dass die weisen Männer nicht zu ihm zurückkamen, wurde er zornig.

Er ließ in Betlehem und der ganzen Umgebung alle Jungen bis zum Alter von zwei Jahren töten. Er hatte Angst vor dem neuen König, von dem die Weisen gesprochen hatten.

Nachdem Herodes gestorben war, erschien Josef in Ägypten im Traum ein Engel Gottes.

Der Engel sagte: „Steh auf! Nimm das Kind und seine Mutter und kehre in das Land Israel zurück.“

Daraufhin kehrte Josef mit dem Kind und seiner Mutter Maria nach Israel zurück und wohnte mit ihnen in der Stadt Nazaret.

(nach Matthäus)

Station 3
ÜBERSCHRIFTEN

Die Botschaft des Engels an Maria

Jesus wird in Betlehem geboren

Heute ist euch der Retter geboren

Jesus ist der König

Die Flucht nach Ägypten

Station 4
MERKSÄTZE

Jesus kommt von Gott.
Seine Herrschaft wird nie zu Ende gehen.
Er wird SOHN GOTTES genannt werden.

JESUS wird in BETLEHEM geboren.
Betlehem ist die STADT DAVIDS.
Weil Maria und Josef in keiner Herberge Platz finden,
kommt Jesus in einem Stall zur Welt.
Dort wird er in eine FUTTERKRIPPE gelegt.

Die Hirten werden als einfache Menschen im Volk verachtet.
Trotzdem sind die Hirten die ersten, die von Jesu Geburt erfahren.
JESUS IST DER RETTER der Armen und Unterdrückten.

JESUS IST DER neugeborene KÖNIG.
Er ist der RETTER für alle Menschen.
Sein guter STERN ist über den Menschen aufgegangen.

Nicht alle Menschen meinen es gut mit JESUS.
Sein Leben ist von Anfang an durch die Bosheit der Menschen
bedroht. GOTT aber ist bei ihm und rettet ihn.

Station 5
KÜNSTLERISCHE DARSTELLUNGEN

Vorderseite	Rückseite
	Die Verkündigung der Geburt Jesu an Maria gemalt von: Beate Heinen gemalt im Jahr: 1987
	Die Verkündigung der Geburt Jesu an Maria gemalt von: nicht bekannt gemalt im Jahr: ca. 1430

Vorderseite	Rückseite
	Die Geburt Jesu gemalt von: Bicci di Lorenzo gemalt im Jahr: ca. 1435
	Die Geburt Jesu gemalt von: Beate Heinen gemalt im Jahr: 1997

Vorderseite	Rückseite
	Die Verkündigung an die Hirten gemalt von: Jindra Čapek gemalt im Jahr: 2001
	Die Verkündigung an die Hirten gemalt von: nicht bekannt gemalt im Jahr: ca. 1007

Vorderseite	Rückseite
	Der Besuch der Sterndeuter gemalt von: Andrea Mantegna gemalt im Jahr: ca. 1470
	Der Besuch der Sterndeuter gemalt von: Max Wolfhügel gemalt im Jahr: ca. 1950

Vorderseite	Rückseite
	Die Flucht nach Ägypten gemalt von: Giotto gemalt im Jahr: ca. 1300
	Die Flucht nach Ägypten gemalt von: Beate Heinen gemalt im Jahr: 1975

▶ Die Farbvorlagen zur Erstellung der Bild-Karten für die Lernzirkelarbeit mit den Kindern finden sich auf den Seiten 138–142.

Station 5
ARBEITSBLATT

Welchen Titel hat das Bild?

Wann wurde das Bild gemalt?

Welcher Künstler/welche Künstlerin hat das Bild gemalt?

Warum hast du dieses Bild ausgesucht? Begründe!

Was war dem Künstler/der Künstlerin bei der Darstellung besonders wichtig?

Station 6
AUSMALBILDER

Die Verkündigung der Geburt Jesu an Maria

Die Geburt Jesu

Die Verkündigung an die Hirten

Der Besuch der Sterndeuter

Die Flucht nach Ägypten

Station 7
MANDALA MALEN 1

Station 7
MANDALA MALEN 2

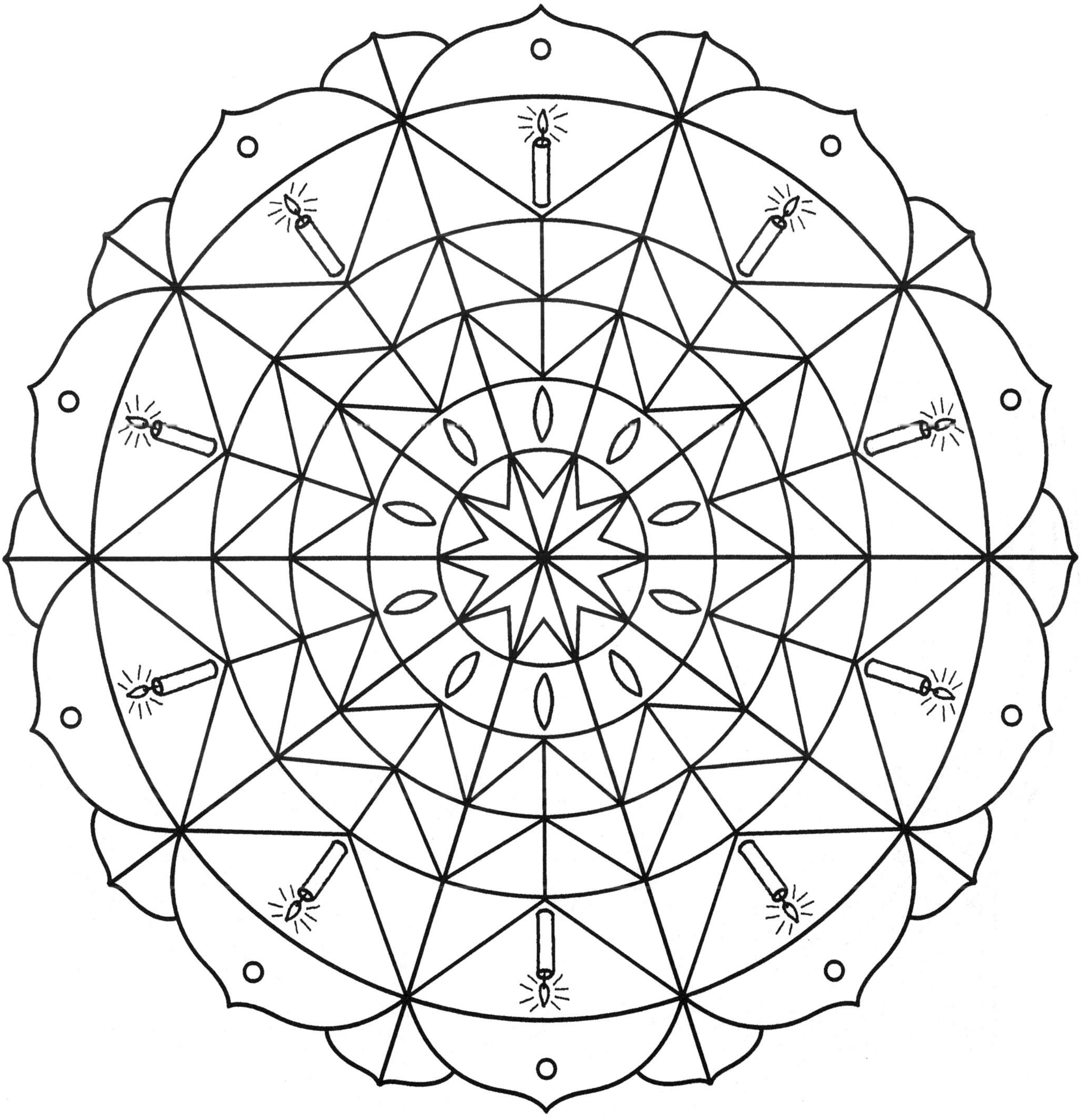

Station 7
MANDALA MALEN 3

Station 7
MANDALA MALEN 4

Station 7
MANDALA MALEN 5

Mein Weihnachtsbild

WEITERFÜHRENDE UNTERRICHTSARBEIT

Die Kinder haben sich im **Lernzirkel** intensiv und in Ruhe mit den neutestamentlichen **Weihnachtserzählungen** beschäftigt. Die neu gewonnenen **Eindrücke** und **Erkenntnisse** gilt es in einer **gemeinsamen Unterrichtsarbeit** zu bündeln und zu sichern. Diese Unterrichtsarbeit kann als **Abschluss** einer „Lerneinheit Weihnachten" eingesetzt werden, in deren Mitte der Lernzirkel stand. Sie kann auch als **Ausgangspunkt** für eine weitere unterrichtliche Beschäftigung dienen, in der der Lernzirkel einen Bestandteil unter anderen bildete.

Im **gemeinsamen Gespräch** sollen die Kinder durch gezielte **Anregungen** bzw. **Impulse** durch die Lehrer/innen an die umfassende Aussageabsicht der biblischen Weihnachtsgeschichten herangeführt werden. Es geht darum, die **Kinder zur Deutung** der Gestalten und Zeichen, die in den Weihnachtserzählungen im Mittelpunkt stehen, **anzuregen**. Die entscheidenden Aussagen dazu können den Vorbemerkungen zum Lernzirkel entnommen werden.

Was wollen uns Matthäus und Lukas in ihren Weihnachtsgeschichten erzählen?

Zur **Vorbereitung** vergrößert der Lehrer/die Lehrerin die Weihnachtsmotive (Seite 51), die Zeichen mit den Namen der Evangelisten (Seite 52) und die Wortkarten (Seite 53) und schneidet sie auseinander. Folgender **Unterrichtsverlauf** hat sich in der Praxis bewährt:

1. Der Lehrer/die Lehrerin bietet die **Bilder** mit den einzelnen Motiven zu den verschiedenen Weihnachtserzählungen als **stummen Impuls** an der Tafel an. Die Kinder können nun ihr **Wissen** aus dem Lernzirkel **anwenden**. Folgende Äußerungen sind denkbar:

- *Die Bilder passen zu den Weihnachtserzählungen.*
- *Die Kinder erzählen zu den einzelnen Bildern.*
- *Manche Bilder passen zu Lukas, manche zu Matthäus.*
- *etc.*

WEIHNACHTSMOTIVE

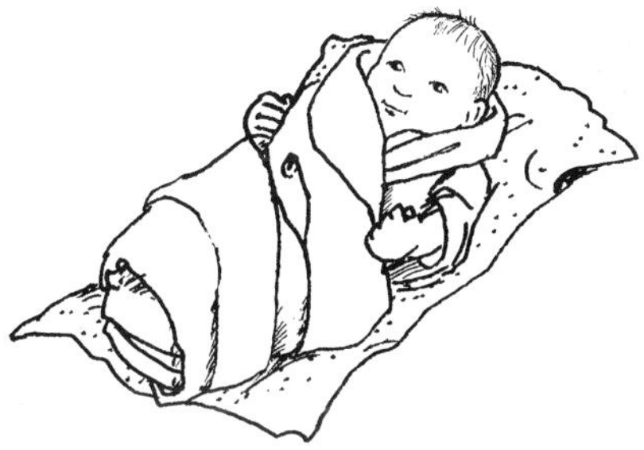

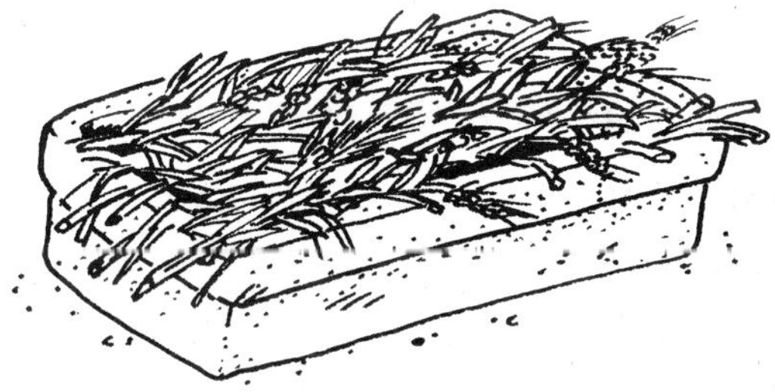

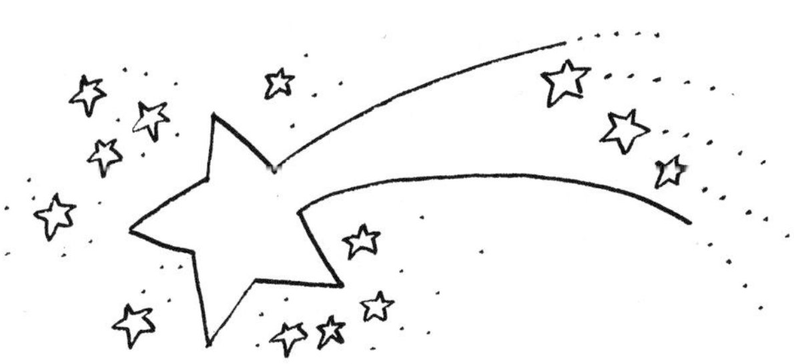

2. Der Lehrer/die Lehrerin hängt zu den Bildern die **Zeichen und Namen** der Evangelisten **Matthäus** und **Lukas**. Die Kinder sollen nun versuchen, die einzelnen **Weihnachtsmotive** den **Evangelisten** zuzuordnen.

3. Nachdem die Kinder im Erkennen, im gemeinsamen Austausch und der Zuordnung der Weihnachtsmotive ihr selbstständig erworbenes **Wissen aus dem Lernzirkel** direkt anwenden konnten, geht es im nächsten Schritt darum, sie zu **Deutungen** bzw. **Deutungsversuchen** zu führen. Zu den einzelnen Motiven sollte der Lehrer/die Lehrerin stets mit einer **Impulsfrage** beginnen; die einzelnen **Motivkarten** stehen weiterhin im Mittelpunkt:

   - Schaut euch das Bild von der Krippe an, in die Jesus als Baby gelegt wird. Ein Kind in einer Futterkrippe: das sagt etwas über das Kind aus:

     ... ein armes Kind – ein Kind ohne Bett – ein Kind ohne Wohnung – kein besonderes Kind ...

   - Schaut euch das Bild von den Engeln an. Mit den Engeln wird auch etwas Besonderes über das Kind gesagt:

     ... vielleicht doch ein besonderes Kind – das Kind kommt von Gott – das Kind ist ein Geschenk Gottes an die Menschen ...

Auf diese Weise sollten etwa vier der Motivbilder angeschaut und bedacht werden.

4. Nachdem die Kinder im Gespräch erkannt haben, dass alle **Gestalten, Zeichen** und **Motive** der **Weihnachtserzählungen** eine besondere **Bedeutung** haben, bietet ihnen der Lehrer/die Lehrerin ungeordnet **Wortkarten** an (vgl. unten), die die Kinder den Weihnachtsmotiven an der Tafel zuordnen.

Weihnachts-motive:	**Wortkarten:**	
Engel	Boten Gottes	wichtige Mitteilung
Säugling	ein Baby in Windeln	
Krippe	Futtertrog	Armut
Hirten	arme, verachtete Menschen	
Stern	Wegweiser	Zeichen eines neuen Königs
Sterndeuter	fremde Menschen	weise, kluge Menschen
Stall	einfaches Haus	kein Palast
Gold	Reichtum	
Weihrauch	Verehrung	
Myrrhe	Gesundheit	

Die Kinder werden angehalten, jede Zuordnung einer Wortkarte zu einer Motivkarte zu begründen und zu erklären.

5. Das nun entstandene Tafelbild soll den Kindern vorbereitende Hilfe bei der Bearbeitung der folgenden **vertiefenden Arbeitsblätter** (vgl. nächste Seiten) sein:

   Jedes Kind erhält eine Seite mit **Textstreifen** und **2 Arbeitsblätter**. Die Arbeitsblätter zeigen die charakteristischen **Motive** der **Weihnachtserzählungen** nach **Matthäus** *oder* **Lukas**. Die Kinder sollen die Textstreifen ausschneiden und dann sinngemäß den einzelnen Motiven der Arbeitsblätter zuordnen, indem sie die Textstreifen entsprechend aufkleben.

Zum Abschluss:

Die Kinder können die in der gemeinsamen **Unterrichtsarbeit** erarbeiteten **Ergebnisse** in ihr „Weihnachtsbuch" einheften, das sie während der Arbeit im **Lernzirkel** erstellt haben. Dort finden sie nun Bilder und Texte der Weihnachtserzählungen, ihre Titel und wichtige Aussagen der biblischen Botschaft, auf die sie immer wieder zurückgreifen können. **Das Gelernte ist gesammelt in der von jedem Kind selbst gestalteten Form.**

Die gesamte hier dargelegte Unterrichtseinheit kann als **solider Grund** dienen, um mit Kindern im Grundschulalter (und daran anschließend) weitere **biblische und/oder christologische Themen** zu erarbeiten.

TEXTSTREIFEN zur Weihnachtsgeschichte

Deine Aufgabe:

Schneide die Textstreifen aus und ordne sie den Zeichen auf den beiden Arbeitsblättern zu.

- Welche Aussagen gehören zum Evangelium nach Matthäus?
- Welche Aussagen gehören zum Evangelium nach Lukas?

Der Retter ist ein **Kind**. Es wird wie jedes Baby **in Windeln gewickelt**.	Das Kind von Gott wird in **Armut** geboren. Es muss **in eine Futterkrippe** gelegt werden.
Ein neuer König ist geboren. Sein **Licht erscheint**.	Sein **Duft** soll **wie ein Gebet** zum Himmel steigen. Dieses Geschenk sagt: Jesus kommt von Gott. Wir wollen ihn anbeten.
Nicht ein Palast, sondern ein **einfaches Haus** ist die Wohnung des göttlichen Kindes. Jesus will einer von uns sein.	Als Erstes erfahren **arme und verachtete Menschen** von der Geburt Jesu. Besonders für sie will er der Retter sein.
Gott hat das königliche Kind zu allen Völkern gesandt. Das zeigen die **Weisen aus der Fremde**, die es verehren.	„Euch ist heute **der Retter** geboren!“ Er ist ein Geschenk Gottes an die Menschen.
Diese Gabe ist **eine Salbe**. Sie sagt uns: Jesus ist Mensch wie wir. Er wird auch **Leid und Tod mit uns teilen**.	Wer dieses kostbare Geschenk besitzt, gilt als reich und mächtig wie ein König. Es sagt: **Jesus ist der neue König**.

Weihnachtsgeschichte nach MATTHÄUS

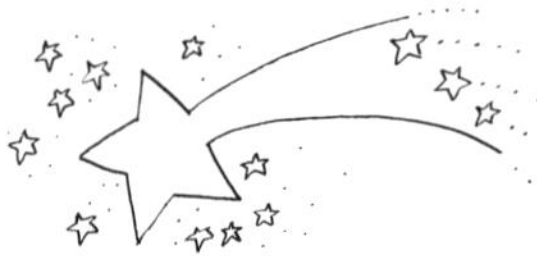

Weihnachtsgeschichte nach LUKAS

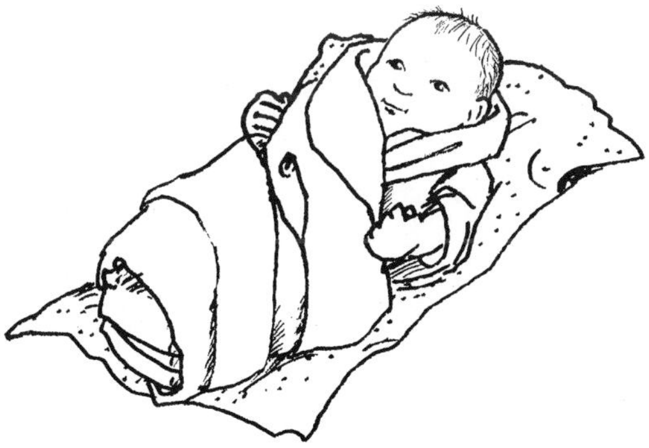

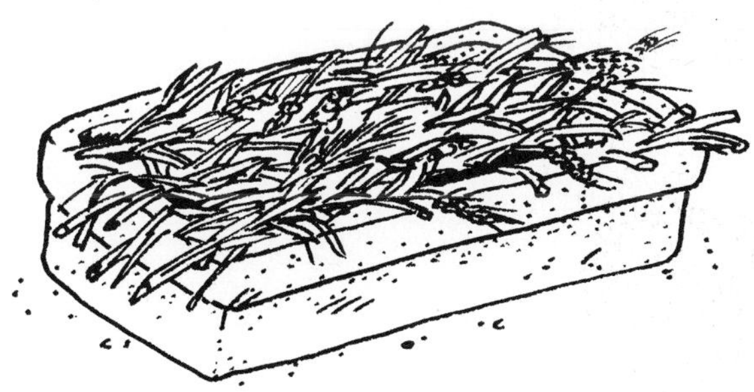

II.
Lernzirkel OSTERN

Lernzirkel OSTERN

1. Thematische Einführung: Die biblischen Ostererzählungen

Alle vier **Evangelien** des Neuen Testaments haben ihre eigenen **Ostererzählungen**. Diese biblischen Geschichten lassen sich in **zwei** große **thematische Abschnitte** gliedern:

- die Geschichten vom leeren Grab;
- die Geschichten vom Erscheinen des auferstandenen Christus.

Für den **Lernzirkel Ostern** wurden für die Kinder folgende Perikopen ausgewählt und nah am Bibeltext für Grundschüler/innen erzählt:

1. Die Frauen am Grab (Mk 16,1-6; vgl. auch Mt 28,1-6)
2. Maria von Magdala begegnet dem Auferstandenen (Joh 20,11-18)
3. Die Emmausjünger (Lk 24,13-35)
4. Jesus bei den Jüngern im Saal (Lk 24,36-43)
5. Jesus und Thomas (Joh 20,26-29)
6. Jesus erscheint den Jüngern am See Gennesaret (Joh 21,1-13)

Die Geschichten vom leeren Grab

Für die Jünger und Jüngerinnen Jesu, die den Weg zum Grab suchen, ist das überraschende Auffinden des leeren Grabes nicht gleich Beweis für die Auferstehung Jesu. Ganz im Gegenteil: In der Schilderung der Evangelisten haben die ersten Stunden des Ostermorgens noch nichts vom Jubel über die Auferstehung an sich. Vielmehr dreht sich alles um das Grab. Die **unerwarteten Vorkommnisse** dort stärken nicht die Hoffnung, der Gekreuzigte könnte leben, sondern versetzen die Menschen, die Jesus über lange Zeit begleitet haben, in **Schrecken** und **Ungewissheit**. Allen Geschichten vom leeren Grab ist die Aussage eigen: Jesu **Auferstehung** kann **nicht bewiesen**, sondern muss **hoffnungsvoll geglaubt** werden. Jesus, den **Auferstandenen**, findet man nicht am Grab, sondern auf den **Wegen der Lebenden**, die ihn suchen.

Die Geschichten vom Erscheinen des auferstandenen Christus

Von den **Begegnungen mit dem Auferstandenen** erzählen die Erscheinungsgeschichten. Der, der den **Jüngern** und **Jüngerinnen** einzeln, zu zweit und in Gruppen begegnet, ist anders, als diese ihn gewohnt waren. Plötzlich ist nichts mehr genau so wie früher. Jesus ist nicht einfach aus dem Totenreich in die sichtbare Welt der Menschen und in ihr begrenztes Leben zurückgekehrt. Vielmehr begegnet er den Männern und Frauen, denen er als Jesus von Nazaret über Jahre nahe war, aus der Raum und Zeit übersteigenden Welt Gottes. Es ist eine Daseinsweise, die nicht einfach mit den Sinnen wahrnehmbar ist, sondern im **Glauben**.

Die **Erscheinungsgeschichten** zeigen, wie **vielschichtig** und **verschiedenartig** sich für die Menschen die **Begegnungen** mit dem **Auferstandenen** gestalten:

- Den Auferstandenen erkennen heißt nicht, ihn mit Händen greifen und mit den Augen sehen können (Thomas), sondern mit **glaubendem Herzen** auf ihn zu hören (Maria von Magdala). In diesem Zusammenhang sieht das Herz mehr als die bloßen Augen und dringt tiefer als der grübelnde Verstand.
- Als sich der auferstandene Jesus **Maria von Magdala** zum ersten Mal zeigt, hält sie ihn für den Gärtner. Erst, als er sie bei ihrem Namen nennt – Maria –, weiß sie, wer er ist.
- Als sich die **Apostel** nach dem vergeblichen Fischfang am See Gennesaret dem Ufer nähern, sehen sie im Morgengrauen eine unbekannte Gestalt. Der Jünger, den Jesus liebt, derjenige also, der dem Herzen Jesu am nächsten ist, erkennt ihn und sagt als Erster vor allen anderen: „Es ist der Herr!"
- In allen Ostergeschichten hören die Menschen **Worte**, die der **Auferstandene** ihnen zuspricht. Die Ebenen, auf denen sich die **Begegnung** mit dem lebendigen Christus ereignet, sind nicht nur die des Sehens, sondern auch die des **Hörens**. Nicht das Auge, sonders erst das Ohr vernimmt ganz tief: *„Friede sei mit euch – Ich bin bei euch alle Tage bis an das Ende der Welt – Empfangt den heiligen Geist – Macht alle Völker zu Jüngern …"*
- Die Jünger und Jüngerinnen erkennen den auferstandenen Herrn nicht an den vertrauten Gesichtszügen, sondern er **offenbart** sich ihnen in seinem **zeichenhaften Tun** (Emmaus; der wunderbare Fischfang).
- Der Auferstandene legt den **Emmausjüngern** die Schrift aus. Allein darin verhilft Jesus ihnen zum Verständnis, warum der Messias all das erleiden musste, um so in seine Herrlichkeit zu gelangen. Das bedeutet, dass nur der den Auferstandenen erkennt, der die Bibel kennt und dem sie so erschlossen wird, dass ihm „das Herz in der Brust brennt". Wer Jesus Christus kennen lernen will, kommt an den **Schriften der Bibel** nicht vorbei.

- Über den **Erscheinungsgeschichten** liegt eine eigenartige **Spannung**: Der Auferstandene ist seinen Jüngern und Jüngerinnen mal sehr **nahe**, mal **entzieht** er sich ihnen wieder. Er wirkt auf sie **fremd**, dann aber zeigt er sich wieder **vertraut**. Jesu Zeitgenossen erfahren im Geheimnis der Auferstehung die dem Menschen verborgene Herrlichkeit Gottes. Sie bricht in die Geschichte der Menschen ein, wird Gegenwart und verändert sie. Zugleich verweist sie auf die zukünftige Vollendung im Reich Gottes.

Die **Ostererzählungen** des Neuen Testaments zeigen einen Weg zum **Glauben** an den auferstandenen Jesus. Im **Wort der Schrift** und im **Brot** ist **Jesus** den Menschen **auch heute nah**.

Das vorliegende Material will helfen, gemeinsam mit Kindern im Grundschulalter Herz und Sinne zu öffnen, um das Ostergeschehnis in der Weise wahrzunehmen, wie die Evangelien des Neuen Testaments es erzählen.

Vgl. für diesen Abschnitt:

Helmut Krätzl: Gott aber ist anders – Über Leiden, Tod und Auferstehung, Freiburg/Br. 1994.
Jörg Zink: Vor uns der Tag, Eschbach/Markgräflerland 1993.

Lernzirkel OSTERN
ARBEITSAUFGABEN

Alle 4 Evangelien des Neuen Testaments erzählen davon, dass Jesus den Tod besiegt hat und auferstanden ist. Dazu bietet dir dieser Lernzirkel sechs Erzählungen an. Bearbeite davon mindestens drei Texte. Wenn du genug Zeit hast, kannst du alle sechs Texte bearbeiten.

DAS SIND DEINE AUFGABEN:

- Arbeite mit einem Partner/einer Partnerin zusammen.
- Ihr müsst auf jeden Fall bei Station 1 beginnen.

- **Station 1:**

Wählt eines der Textpuzzles und ordnet die Sätze in der richtigen Reihenfolge. Es entsteht eine Ostergeschichte aus der Bibel.

Der Textstreifen mit dem Brot und der Ähre  ist immer der erste Satz.

- **Station 2:**

Nehmt das Bildpuzzle in der Farbe oder mit dem Muster eures Textpuzzles. Legt aus den Streifen ein Bild. Vergleicht die Zeichen am Bildrand mit den Zeichen am Rand des Textpuzzles: Wenn sie in der gleichen Reihenfolge liegen, habt ihr alles richtig gemacht.

Für die **Stationen 3, 4 und 5** könnt ihr euch selbst überlegen, in welcher Reihenfolge ihr arbeiten möchtet:

- **Station 3:**

Sucht die passende Überschrift für eure Geschichte aus. Legt sie zu eurem Text und zu eurem Bild.

- **Station 4:**

Wählt den passenden Merksatz zu eurer Geschichte aus. Legt ihn auch dazu.

- **Station 5:**

Wählt ein Kunstbild aus, das zu eurer Geschichte passt und euch besonders gut gefällt. Schaut es genau an und sprecht miteinander über das Bild. Schreibt eure Gedanken auf das Arbeitsblatt, das bei den Kunstbildern liegt.

- Jetzt müssen auf dem Tisch liegen:

  Textpuzzle – Bildpuzzle – Überschrift – Merksatz – Kunstbild – Arbeitsblatt

- **Station 6:**

An dieser Station arbeitet jeder für sich alleine. Du sollst deine Ergebnisse schriftlich festhalten. Gestalte deine eigene Text- und Bildsammlung zu den Ostergeschichten der Bibel:

- Nimm das passende Ausmalbild zu eurer Geschichte, male es aus und klebe es ~~auf ein DIN-A4-Blatt~~. in dein Heft
- Schreibe die Überschrift zur Geschichte über das Bild und unterstreiche sie bunt mit einem Lineal.
- Schreibe auch den Merksatz zur Geschichte auf. Schreibe dabei die Wörter in Großbuchstaben in einer besonderen Farbe.

- **Station 7:**

Nimm dir ein Mandala und male es in aller Ruhe aus. Wähle Farben, die dir besonders gut gefallen. Wenn du willst, kannst du auch ein ganz eigenes Bild malen. Dazu kannst du das Blatt mit dem österlichen Rahmen nutzen.

	Am Sonntagmorgen gingen drei Frauen mit gut duftenden Ölen zum Grab.
	Sie wollten den toten Jesus salben.
	Auf dem Weg machten sie sich Gedanken, wer den großen, schweren Stein am Eingang der Grabhöhle für sie wegschieben könnte.
	Doch als sie am Grab ankamen, sahen sie, dass der Stein schon weggerollt war.
	Sie gingen in das Grab und erschraken sehr:
	Das Grab war leer!
	Dann sahen sie einen Boten Gottes in einem leuchtenden Kleid.
	Er sagte zu ihnen: „Fürchtet euch nicht. Ihr sucht Jesus, den Gekreuzigten. Er ist nicht hier. Jesus lebt! Er ist auferstanden."
	Da liefen die Frauen voll Staunen und Freude zurück zu den Aposteln, um es ihnen zu berichten.

Maria von Magdala stand am Grab und weinte.
Sie war traurig, weil sie den toten Jesus in der Grabhöhle nicht gefunden hatte.
Als sie sich umdrehte, sah sie jemanden im Garten stehen.
Sie dachte: Es ist der Gärtner.
Sie fragte ihn: „Wenn du den Leichnam weggebracht hast, sage mir, wohin du ihn gelegt hast."
Da sprach er sie an: „Maria!"
Da erkannte sie, dass es Jesus war.
Sie glaubte nun ganz fest: Jesus lebt!
Sie lief zu den Jüngern und erzählte allen: „Ich habe den Herrn gesehen."

Zwei Jünger waren auf dem Weg von Jerusalem nach Emmaus.

Sie dachten an Leiden und Sterben Jesu und waren enttäuscht und sehr traurig.

Plötzlich ging Jesus mit ihnen, aber sie erkannten ihn nicht.

Er sprach sie an und fragte: „Warum seid ihr so traurig?" Dann erklärte er ihnen alles, was über ihn in den Schriften der Bibel geschrieben steht: Jesus musste leiden und sterben, aber Gott hat ihm neues Leben gegeben.

Am Abend ging er mit ihnen in ein Haus und sie setzten sich an einen Tisch.

Jesus nahm das Brot, segnete es, brach es und gab es den beiden.

Da begriffen sie, wer bei ihnen saß. Sie erkannten, dass Jesus lebt und mit ihnen unterwegs war. Dann sahen sie ihn nicht mehr.

Schnell gingen sie nach Jerusalem zurück.

Sie erzählten den anderen, dass Jesus lebt und dass sie ihn am Brotbrechen erkannt hatten.

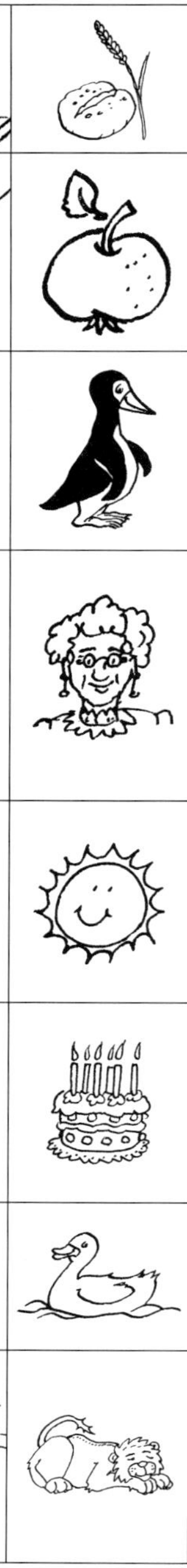

Die Jünger waren in einem Saal versammelt.

Plötzlich stand Jesus in ihrer Mitte.
Er sagte: „Friede sei mit euch!"

Die Jünger erschraken, denn sie meinten einen Geist zu sehen.

Jesus sagte: „Fürchtet euch nicht. Schaut mich an! Seht meine Hände und meine Füße. Fasst mich ruhig an, ich bin es wirklich."

Die Jünger waren sprachlos und konnten es immer noch nicht glauben.

Da setzte sich Jesus mit ihnen an den Tisch und aß mit ihnen Brot und gebratenen Fisch.

Da brach große Freude bei den Jüngern aus.

Jetzt glaubten sie gewiss:
Jesus, unser Herr, lebt!

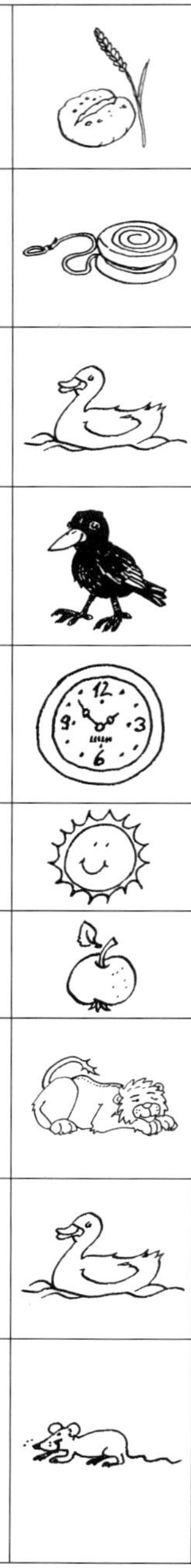

Einige Tage später waren die Jünger wieder bei verschlossenen Türen versammelt.

Diesmal war auch Thomas bei ihnen. Er glaubte den anderen nicht, dass Jesus lebt.

Er sagte: „Nur wenn ich meine Hand in seine Wunden legen kann, glaube ich."

Plötzlich stand Jesus in ihrer Mitte und sprach: „Friede sei mit euch!"

Dann ging er auf Thomas zu und sagte: „Sieh meine Wunden an Händen und Füßen.

Sieh die Wunde an meiner Seite.

Berühre mich und glaube, dass ich lebe."

Da erschrak Thomas und sagte: „Mein Herr und mein Gott."

Jesus antwortete ihm: „Thomas, weil du mich gesehen hast, glaubst du, dass ich lebe."

Und zu allen sagte Jesus: „Gesegnet sind die, die mich nicht sehen können und doch an mich glauben."

Es war Abend am See Gennesaret. Petrus, Thomas und einige andere Jünger gingen fischen.

Sie fuhren mit dem Boot hinaus, fingen aber die ganze Nacht keinen einzigen Fisch.

Als es schon Morgen war, sahen sie jemanden am Ufer stehen. Sie wussten nicht, dass es Jesus war.

Sie hörten seine Frage: „Habt ihr etwas zu essen für mich?“ Sie antworteten: „Nicht einen einzigen Fisch.“

Da sagte er zu ihnen: „Werft das Netz auf der rechten Seite des Bootes aus.“
Das taten sie und fingen so viele Fische, dass das Netz zerriss.

Johannes begriff es als Erster und sagte zu Petrus: „Es ist der Herr.“

Als Petrus das hörte, sprang er in den See und schwamm schnell an Land.

Als auch alle anderen am Ufer angelangt waren, brannte dort schon ein Feuer. Darauf lagen Brot und Fisch. Jesus sagte: „Kommt her und esst.“ Und er teilte Brot und Fisch an sie aus.

Keiner von den Jüngern fragte mehr: „Wer bist du?“ Denn nun glaubten sie fest: Es ist Jesus! Er lebt.

Station 3
ÜBERSCHRIFTEN

Die Frauen am Grab

Maria von Magdala und
der auferstandene Jesus

Die Jünger auf dem Weg nach Emmaus

Jesus bei den Jüngern im Saal

Jesus und der zweifelnde Thomas

Der reiche Fischfang

Station 4
MERKSÄTZE

Die Frauen, die den toten Jesus salben wollen, begegnen am Grab dem Engel und hören die Botschaft: JESUS LEBT.

Maria von Magdala hört ihren Namen. Sie erkennt:
Jesus spricht mich an. ER LEBT.

Die Jünger auf dem Weg nach Emmaus erkennen Jesus beim gemeinsamen Mahl. Sie begreifen: In dem Fremden ist Jesus bei uns. ER LEBT.

Die Jünger begegnen Jesus im Saal. Er sagt:
„Friede sei mit euch! Fürchtet euch nicht. ICH LEBE."

Jesus sagt zu Thomas und den Jüngern:
„GESEGNET sind die, die an mich GLAUBEN, auch wenn sie mich nicht sehen und anfassen können."

Am See Gennesaret begreift der Jünger Johannes als Erster, dass der Fremde am Ufer Jesus ist. Auch die anderen erkennen:
JESUS LEBT.

Station 5
KÜNSTLERISCHE DARSTELLUNGEN

Vorderseite	Rückseite
	Die Frauen am Grab gemalt von: Jindra Čapek gemalt im Jahr: 2000
	Die Frauen am Grab gemalt von: nicht bekannt gemalt im Jahr: ca. 1200

Vorderseite	Rückseite
	Maria von Magdala und der auferstandene Jesus gemalt von: Beate Heinen gemalt im Jahr: 1974
	Maria von Magdala und der auferstandene Jesus gemalt von: Martin Schongauer gemalt im Jahr: ca. 1480

Vorderseite	Rückseite
	Die Jünger auf dem Weg nach Emmaus gemalt von: nicht bekannt gemalt im Jahr: ca. 980–993
	Die Jünger auf dem Weg nach Emmaus gemalt von: Jindra Čapek gemalt im Jahr: 2000

Vorderseite	Rückseite
	Jesus und Thomas geschaffen von: Ernst Barlach geschaffen im Jahr: 1926
	Jesus und Thomas gemalt von: nicht bekannt gemalt im Jahr: 1250

Vorderseite	Rückseite
	Jesus bei den Jüngern im Saal gemalt von: Beate Heinen gemalt im Jahr: 1994
	Jesus bei den Jüngern im Saal gemalt von: Carme Solé Vendrell gemalt im Jahr: 1989

Vorderseite	Rückseite
	Der reiche Fischfang gemalt von: Sieger Köder gemalt im Jahr: 1990
	Der reiche Fischfang gemalt von: Horst Räcke gemalt im Jahr: 1960

▶ Die Farbvorlagen zur Erstellung der Bild-Karten für die Lernzirkelarbeit mit den Kindern finden sich auf den Seiten 143–148.

Station 5
ARBEITSBLATT

Welchen Titel hat das Bild?

Wann wurde das Bild gemalt?

Welcher Künstler/welche Künstlerin hat das Bild gemalt?

Warum hast du dieses Bild ausgesucht? Begründe!

Was war dem Künstler/der Künstlerin bei der Darstellung besonders wichtig?

Station 6
AUSMALBILDER

Die Frauen am Grab

Maria von Magdala und der auferstandene Jesus

Die Jünger auf dem Weg nach Emmaus

Jesus bei den Jüngern im Saal

Jesus und Thomas

Der reiche Fischfang

Station 7
MANDALA MALEN 1

Station 7
MANDALA MALEN 2

Station 7
MANDALA MALEN 3

Station 7
MANDALA MALEN 4

Station 7
MANDALA MALEN 5

Station 7
MANDALA MALEN 6

Mein Osterbild

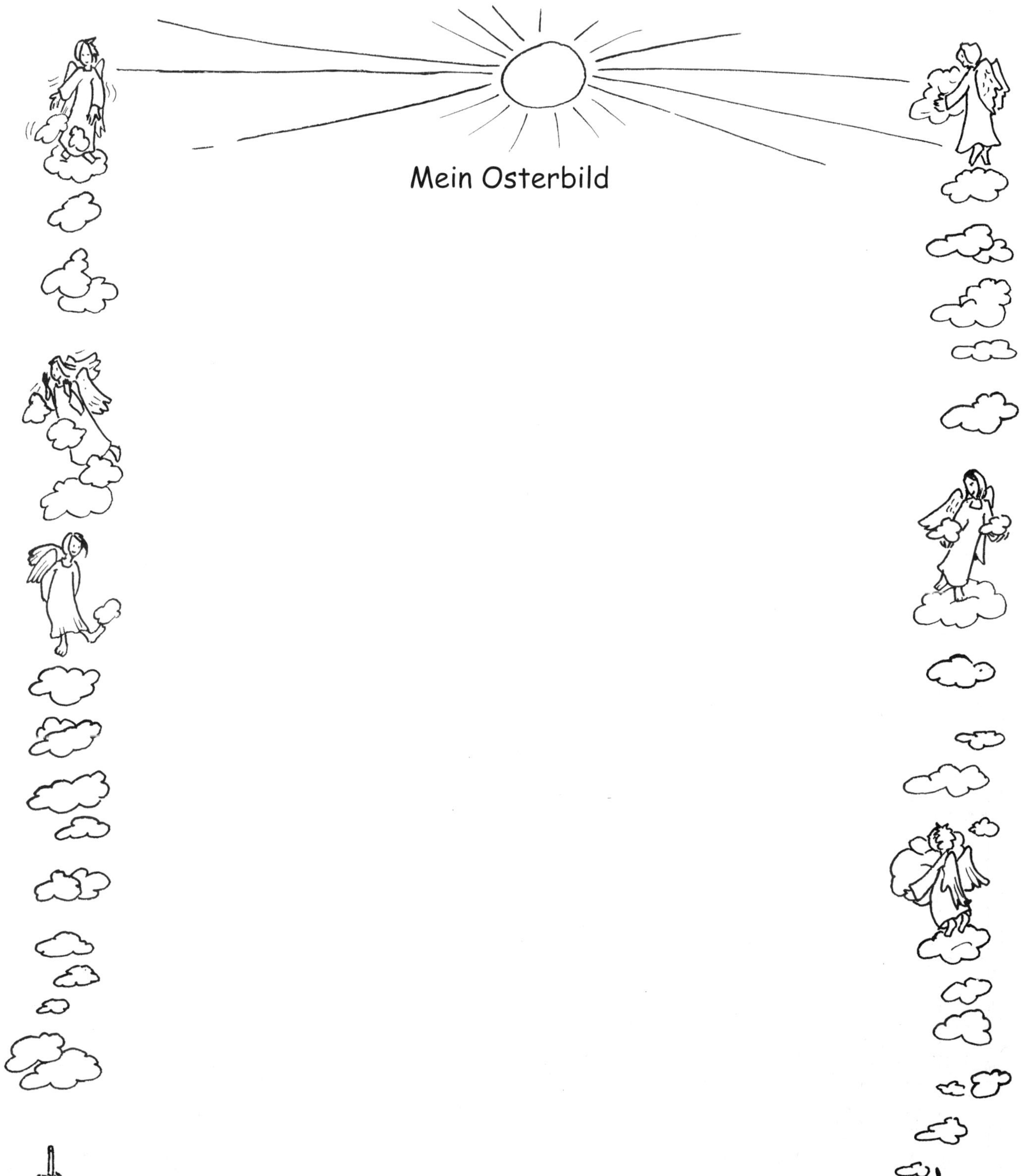

WEITERFÜHRENDE UNTERRICHTSARBEIT

Die Kinder haben sich im **Lernzirkel** mit den neutestamentlichen **Ostererzählungen** beschäftigt. Die gewonnenen **Eindrücke** und **Erkenntnisse** gilt es in einer **gemeinsamen Unterrichtsarbeit** zu bündeln und zu sichern. Diese Unterrichtsarbeit kann als **Abschluss** einer „Lerneinheit Ostern" eingesetzt werden, in deren Mitte der Lernzirkel stand, **oder** als **Ausgangspunkt** für eine weitere unterrichtliche Beschäftigung dienen, in der der Lernzirkel einen Bestandteil unter anderen bildete.

Im **gemeinsamen Gespräch** und einer **Bildbetrachtung** sollen die Kinder durch gezielte **Anregungen** bzw. **Impulse** durch die Lehrer/innen an die umfassende Aussageabsicht der biblischen Ostererzählungen herangeführt werden. Es geht darum, die **Kinder zur Deutung** der Gestalten und Zeichen **anzuregen**, die in den Ostererzählungen im Mittelpunkt stehen. Die entscheidenden Aussagen dazu können den Vorbemerkungen zum Lernzirkel entnommen werden.

Die verschiedenen Ostererzählungen haben eine gemeinsame Botschaft:

JESUS LEBT!

In der folgenden Unterrichtsarbeit sollen die Kinder entdecken, dass alle Ostererzählungen, die sie im Lernzirkel kennen gelernt haben, eine gemeinsame Botschaft ausdrücken wollen: JESUS IST NICHT TOT! JESUS LEBT! Dies gilt es altersentsprechend zu verdeutlichen. Folgender **Unterrichtsverlauf** hat sich in der Praxis bewährt:

Im Mittelpunkt steht das Bild „Osterszenen" (Evangeliar Otto III., Ende des 10. Jh.) auf einer Folie für den Overheadprojektor (s. nächste Seite).

„Osterszenen"
Evangeliar Otto III. / Ende 10. Jh.

(Farbvorlage s. Seite 149)

Das Bild zeigt vier biblische Osterzählungen:

1. Die Engel am Grab Jesu	2. Maria von Magdala und der auferstandene Jesus
3. Jesus bei den Jüngern im Saal	4. Jesus und Thomas

1. Den Kindern wird die Folie in folgender Weise gezeigt: Die einzelnen Szenen sind abgedeckt und werden in der Reihenfolge 1-4 nacheinander betrachtet. Durch die Lernzirkelarbeit können die Kinder zu jeder Szene die **entsprechende Ostergeschichte** erzählen. Bei Unsicherheiten sollte man auf den biblischen Text zurückgreifen und diesen mit der Erzählung der Kinder vergleichen lassen.
2. Für jede Einzelszene nennen die Kinder eine **Überschrift**, die an der **Tafel** festgehalten wird.
3. **Jede Szene** hat eine wichtige, **zentrale Botschaft**. Unter den entsprechenden Überschriften sollen die Kinder folgende Lückensätze vervollständigen, die der Lehrer/die Lehrerin ebenso an die Tafel schreibt:

   Die Engel verkünden: __________ __________! *(Jesus lebt!)*

   Maria von Magdala erkennt: __________ __________! *(Jesus lebt!)*

   Thomas erfährt: __________ __________! *(Jesus lebt!)*

   Die Jünger sehen: __________ __________! *(Jesus lebt!)*

Die Kinder sollen erkennen, dass die vier verschiedenen Ostererzählungen bzw. die vier verschiedenen Bilder immer die gleiche wichtige Botschaft verkünden: **Jesus lebt!** *(an der Tafel farbig markieren)*

4. Nun werden die vier **Bildszenen** mit den Kindern gemeinsam in ihrem **Zusammenhang** zu **deuten** versucht. Die untere Hälfte wird erneut abgedeckt, die obere wird im Gespräch bedacht (**Szenen 1 und 2**).

   Folgende **Impulse** strukturieren das Gespräch:

   - Schaut auf die Hände der Engel.
     (Sie weisen auf Jesus)

   - Ihr wisst, wo Maria von Magdala den toten Jesus gesucht hat.
     (Sie wollte im Grab nach seinem Leichnam schauen)

   - Die Engel schicken Maria von Magdala vom Grab weg. Da macht sie eine wichtige Erfahrung.
     (Sie findet Jesus nicht im Grab. Sie begegnet dem lebendigen Jesus im Garten. Er wendet sich ihr zu. Er spricht mit ihr)

   - Schaut euch das Grab genau an. Der Maler zeigt uns mit der Farbe, dass das Leben den Tod besiegt hat.
     (Nur im Hintergrund ist noch die dunkle Grabhöhle zu sehen. Im Vordergrund wächst eine grünende, blühende Wiese)

5. Nun wird die untere Bildhälfte der Folie aufgedeckt (**Szenen 3 und 4**). Auch diese beiden Szenen gilt es im **Zusammenhang** zu bedenken.

   Folgende **Impulse** können dabei helfen:

   - Schaut auf Jesus und Thomas. Achtet besonders auf die rechte Hand von Jesus.
     (Die Hand weist in Richtung der anderen Jünger)

   - Jesus will Thomas damit etwas sagen.
     (Dreh dich um und schau die anderen Jünger an: Glaube, wie sie glauben)

   - Der Lehrer/die Lehrerin zeigt auf die Schriftrolle, die einer der Jünger in Händen hält.
     (Vielleicht bringen die Kinder die Erklärung: *Die Jünger haben alles von Jesus aufgeschrieben;* oder: *Jesus erklärte den Jüngern, was in den Schriften der Bibel über ihn geschrieben steht [s. Emmaus])*

   - Der Lehrer/die Lehrerin zeigt auf den Heiligenschein, der Jesus bei Thomas und Maria von Magdala umgibt und den Heiligenschein, der Jesus inmitten seiner Jünger umgibt.
     (Inmitten seiner Jünger hat Jesus ein Kreuz im Heiligenschein: Das Kreuz erinnert an seinen Tod)

- Der Heiligenschein ist ein goldener Lichtschein. Das Gold will uns etwas sagen.
  (Jesus ist vom Tod erstanden. Jesus lebt)

- Bezogen auf das Gesamtbild: Könnt ihr die wichtigsten Botschaften, die dieses Bild verkündet, in Worte fassen?
  (Jesus ist am Kreuz gestorben. Jesus ist auferstanden. Jesus lebt)

Nach Lernzirkel und gemeinsamer Unterrichtsarbeit sind die Kinder nun intensiv vertraut mit den Ostererzählungen der neutestamentlichen Evangelien. Die folgenden Arbeitsblätter können für Kinder und Lehrer/innen als Kontrolle des Lernerfolgs dienen.

Zum Abschluss:

Die Kinder können die **Ergebnisse** aus der gemeinsamen **Unterrichtsarbeit** ebenfalls in ihr „Osterbuch" einheften, das sie während der Arbeit im **Lernzirkel** erstellt haben. Dort finden sie nun Bilder und Texte der Ostererzählungen, ihre Titel und wichtige Aussagen der biblischen Botschaft, auf die sie immer wieder zurückgreifen können. **Das Gelernte ist gesammelt in der von jedem Kind selbst gestalteten Form.**

Die hier dargelegte Unterrichtseinheit kann als **solider Grund** dienen, um mit Kindern im Grundschulalter (und daran anschließend) weitere **biblische und/oder christologische Themen** zu erarbeiten.

WAS ICH ALLES GELERNT HABE

Name: ______________________________ Datum: _______________

1. **Kreuze an, welche der biblischen Ostererzählungen du in den letzten Stunden selbst bearbeitet hast:**

   a) Die Frauen am Grab ☐

   b) Die Jünger auf dem Weg nach Emmaus ☐

   c) Maria von Magdala und der auferstandene Jesus ☐

   d) Jesus und der zweifelnde Thomas ☐

   e) Jesus bei den Jüngern im Saal ☐

   f) Der reiche Fischfang ☐

2. **Zu jeder biblischen Ostererzählung gehört ein Merksatz. Schreibe den Buchstaben der Geschichte aus Aufgabe 1 (a–f) hinter den passenden Merksatz:**

- Am See Gennesaret begreift der Jünger Johannes als Erster, dass der Fremde am Ufer Jesus ist. Auch die anderen Jünger erkennen dann: Jesus lebt! ______
- Die Frauen, die den toten Jesus salben wollen, begegnen am Grab dem Engel und hören die Botschaft: Jesus lebt! ______
- Jesus sagt zu Thomas und den Jüngern: „Gesegnet sind die, die an mich glauben, auch wenn sie mich nicht sehen und anfassen können." ______
- Maria von Magdala hört ihren Namen. Sie erkennt: Jesus spricht mich an. Er lebt! ______
- Die Jünger auf dem Weg nach Emmaus erkennen Jesus beim gemeinsamen Mahl. Sie begreifen: In dem Fremden ist Jesus bei uns. Er lebt! ______
- Die Jünger begegnen Jesus im Saal. Er sagt: „Friede sei mit euch! Fürchtet euch nicht. Ich lebe!" ______

3. Die folgenden Sätze passen zu den verschiedenen Ostererzählungen. Schreibe die Buchstaben der passenden Geschichten aus Aufgabe 1 (a–f) hinter die Sätze.

- Plötzlich stand Jesus in ihrer Mitte. ______
- Sie wollten den toten Jesus salben. ______
- Plötzlich ging Jesus mit ihnen, aber sie erkannten ihn nicht. ______
- Als sie sich umdrehte, sah sie jemanden im Garten stehen. ______
- Jesus nahm das Brot, segnete und brach es und gab es den beiden. ______
- Er sagte zu ihnen: „Fürchtet euch nicht. Ihr sucht Jesus, den Gekreuzigten. Er ist nicht hier. Jesus lebt!" ______
- Sie fuhren mit dem Boot hinaus, fingen aber die ganze Nach keinen einzigen Fisch. ______
- Die Jünger erschraken sehr, denn sie meinten einen Geist zu sehen. ______
- „Sieh meine Wunden an Händen und Füßen. Sieh die Wunde an meiner Seite." ______
- Als auch alle anderen am Ufer angelangt waren, brannte dort schon ein Feuer. Darauf lagen Brot und Fisch. ______
- Da erschrak Thomas und sagte: „Mein Herr und mein Gott." ______
- Da sprach er sie an: „Maria!" ______

4. Was ist die zentrale Botschaft der Ostererzählungen?

____

III.
Lernzirkel PFINGSTEN

Lernzirkel PFINGSTEN

1. Thematische Einführung: Die Pfingstberichte des Neuen Testaments

Während es zum Weihnachts- und Osterfest noch zahlreiche Verbindungen zwischen Brauchtum und der kirchlichen Feier dieser Hochfeste gibt, ist dies zu **Pfingsten** nicht der Fall. Es hat sich **kaum Brauchtum** entwickelt; die Pfingstrose beispielsweise ist zwar als Blume sehr bekannt, bietet aber keine Verbindung zu dem, was die Apostelgeschichte zum Pfingstgeschehen berichtet und was im Gottesdienst gefeiert wird.

Pfingsten als das **Fest des Heiligen Geistes** bietet im Bericht der **Apostelgeschichte** (2,1-47) zunächst **großartige Bilder** an: Da werden zu Beginn die starken Zeichen von **Sturm und Feuer**, dann das **Sprachen-** oder **Hörwunder** genannt. Doch der Pfingstbericht beschränkt sich nicht auf diese spektakulären Zeichen (Verse 1-13), sondern die **Predigt des Petrus** (Verse 14-36) und der Bericht über die erste **Christengemeinde** (Verse 37-47) gehören notwendig dazu, um verstehen und deuten zu können, was „**Herabkunft des Gottesgeistes**" meint.

Zu dieser Erzähleinheit bietet der folgende Lernzirkel **3 Perikopen** der Apostelgeschichte an:

1. Das Pfingstereignis:
   Die Jünger werden von Gottes Geist erfüllt (Apg 2,1-13)
2. Die Pfingstpredigt des Petrus (Apg 2,14-36)
3. Das Leben in der jungen Christengemeinde (Apg 2,37-47)

Am **Pfingstfest** ereignet sich in Jerusalem etwas **völlig Unerwartetes**. Die Ausgießung des Gottesgeistes in Sturm und Feuer geschieht in einer Dimension, die über die alltägliche Erfahrung der Jünger und Jüngerinnen weit hinaus geht. Für dieses Ereignis gibt es nichts bisher Vergleichbares.

Symbolisch wiedergegeben wird die Geisterfahrung in der Apostelgeschichte durch **Sturmesbrausen** und **Feuer** und im weiteren Geschehen im **Wasser der Taufe** derer, die sich der jungen Christengemeinde anschließen. Diese Elemente symbolisieren die tiefe Erfahrung eines Ergriffenwerdens. Das Wesen des Gottesgeistes kann nur von seinen Wirkungen her erfahren werden.

Gottes Geist macht aus **verängstigten Aposteln** mutige **Bekenner**, die einfach in die Straßen hineinlaufen. Befreit von Furcht, stoßen sie in der **Kraft des Geistes** Fenster und Türen auf und begeben sich in die **Mitte der Menschen**. Petrus, noch vor kurzem Jesus verleugnend, tritt offen vor die Menschenmenge und predigt von Jesus, den er als den Christus bekennt.

Die Bewegung der Jünger und Jüngerinnen Jesu zieht in der Kraft des Geistes **weite Kreise**. Im Außer-sich-Sein ereignet sich Sprachfindung und das gegenseitige Verstehen führt zu gemeinsamen **Lebensformen** in der wachsenden jungen **Christengemeinde**: Im Mit-teilen untereinander, im sich Öffnen füreinander, im Brechen des Brotes und im gemeinsamen Gebet ist Gottes Geist lebendig und schafft verändertes Leben.

Die Apostelgeschichte verkündet in den Pfingsterzählungen keine normativ gültigen Lehrsätze und Erkenntnisse über die Wirklichkeit Gottes. Vielmehr zeugen die Geschehnisse um die Ausgießung des Gottesgeistes vom Anbrechen des Gottesreiches, das mit Jesus in die Welt gekommen ist. **Gott**, der mit den **Menschen** ist, schafft in der Kraft seines Geistes eine christliche **Gemeinschaft** des Glaubens und der Liebe. In diesem Sinn legt der Pfingstbericht Zeugnis ab von der Gründung der **Kirche**.

Vgl. für diesen Abschnitt:

Eva Jürgens (Hg.): Pfingsten – Feste und Gestalten im Jahreslauf, Lahr 1992.
Hans Büscher: Apostelgeschichten – Kindern erzählt, Gütersloh 1986.
Zugänge zu biblischen Texten. Eine Lesehilfe zur Bibel für die Grundschule (Neues Testament), Düsseldorf 1980.

Lernzirkel Pfingsten
ARBEITSAUFGABEN

Das Neue Testament berichtet, dass Gott die junge Christengemeinde nach Jesu Tod und Auferstehung nicht allein lässt. Gott sendet den Jüngern seinen Heiligen Geist. Dazu bietet der Lernzirkel drei Pfingsterzählungen an, die du bearbeiten sollst.

DAS SIND DIE AUFGABEN:

- Arbeite mit einem Partner/einer Partnerin zusammen.
- Ihr müsst auf jeden Fall mit Station 1 beginnen.
- **Station 1:**

Wählt eines der Textpuzzles und ordnet die Sätze in die richtige Reihenfolge. Es entsteht eine Pfingsterzählung aus der Bibel.

Der Textstreifen mit der Flamme  bildet immer den ersten Satz.

- **Station 2:**

Nehmt das Bildpuzzle, das die gleiche Farbe bzw. das gleiche Muster hat, wie euer Text. Legt aus den Streifen ein Bild. Vergleicht die Zeichen am Bildrand mit den Zeichen am Rand des Textpuzzles: Wenn sie in der gleichen Reihenfolge liegen, habt ihr alles richtig gemacht.

Für die **Stationen 3, 4 und 5** könnt ihr euch selbst überlegen, in welcher Reihenfolge ihr arbeiten möchtet:

- **Station 3:**

Sucht die passende Überschrift für eure Geschichte aus. Legt sie zu eurem Text und zu eurem Bild.

- **Station 4:**

Wählt den passenden Merksatz zu eurer Geschichte aus. Legt ihn auch dazu.

Pfingsten ist die Geburtsstunde der Kirche

- **Station 5:**

Wählt ein Kunstbild aus, das zu eurer Geschichte passt und euch besonders gut gefällt. Schaut es genau an und sprecht miteinander über das Bild. Schreibt eure Gedanken auf das Arbeitsblatt, das bei den Kunstbildern liegt.

- Jetzt müssen auf eurem Tisch liegen:

  Textpuzzle – Bildpuzzle – Überschrift – Merksatz – Kunstbild - Arbeitsblatt

- **Station 6:**

An dieser Station arbeitet jeder für sich alleine. Du sollst deine Ergebnisse schriftlich festhalten. Gestalte deine eigene Text- und Bildsammlung zu den Pfingsterzählungen der Bibel:

- Nimm das passende Ausmalbild zu eurer Geschichte, male es aus und klebe es auf ein DIN-A4-Blatt.
- Setze die Überschrift zur Geschichte über das Bild und unterstreiche sie bunt mit einem Lineal.
- Schreibe auch den Merksatz zur Geschichte auf. Schreibe dabei die Wörter in Großbuchstaben in einer besonderen Farbe.

- **Station 7:**

Nimm dir ein Mandala und male es in aller Ruhe aus. Wähle Farben, die dir besonders gut gefallen. Wenn du willst, kannst du auch ein ganz eigenes Bild malen. Dazu kannst du das Blatt mit dem pfingstlichen Rahmen nutzen.

Bevor Jesus zu Gott, seinem Vater, zurückkehrte, versprach er seinen Jüngern: „Ich werde euch Gottes guten Geist senden. Er wird euch Kraft, Mut und Freude schenken. Ich werde in ihm bei euch sein.“

Pfingsten war in Jerusalem ein großes Wallfahrtsfest zum Erntedank. An diesem Tag waren die Jünger mit Maria, der Mutter von Jesus, und einigen Frauen in einem Haus versammelt.
Aus Angst verschlossen sie Türen und Fenster.
Plötzlich geschah etwas Unerwartetes.

Ein heftiger Sturm kam auf und erfüllte das ganze Haus, in dem sie versammelt waren.
Alle wunderten sich sehr und lauschten dem Geräusch.

Neugierig schauten sich alle um: So etwas hatten sie noch nie gehört. Plötzlich leuchtete ein helles Licht über ihnen. Alles war wie von Feuerzungen erfüllt und auf jeden von ihnen ließ sich eine Flamme nieder.

Alle freuten sich sehr, denn sie spürten:
Gottes Geist hat uns ergriffen, wie Jesus es uns versprochen hat.

Sie rissen begeistert die Türen auf und liefen hinaus auf die Straßen. Sie begannen in vielen verschiedenen Sprachen zu reden, wie Gottes Geist es ihnen eingab.

	Viele Menschen waren von weit her zum Wallfahrtsfest nach Jerusalem gekommen. Viele von ihnen sprachen fremde Sprachen.
	Als der Sturm losbrach, liefen alle zusammen. Sie wunderten sich sehr, dass jeder die Jünger in seiner eigenen Sprache reden hörte.
	Da die Jünger alle aus Galiläa stammten, konnte niemand verstehen, warum sie plötzlich in so vielen Sprachen der Erde sprechen konnten. Manche dachten: Die Jünger sind betrunken.
	Alle waren ratlos. Da trat Petrus hervor und sprach zu den Menschen in den Straßen von Jerusalem:
	„Wir sind nicht betrunken. Es ist geschehen, was schon die Propheten verkündigt haben: Gott hat uns seinen guten Geist geschenkt."
	Dann erzählte Petrus den Menschen von Jesu Leben, seinen Wundern, seinem Tod und seiner Auferstehung. Er berichtete noch einmal freudig von Gottes gutem Geist, der ihnen geschenkt wurde.

Als die Menschen die Pfingstpredigt des Petrus hörten, fragten sie: „Was sollen wir jetzt tun?“ Petrus sagte ihnen: „Schaut auf Jesu Leben. Handelt so wie er. Lasst euch taufen. Werdet Jesu Jünger und Jüngerinnen und folgt ihm nach.“

Die Menschen, die Petrus zuhörten, waren begeistert. Noch am selben Tag ließen sich 3000 Menschen taufen. Sie gehörten nun auch zur jungen Christengemeinde.

Die Christen ließen sich von den Aposteln von Jesus erzählen und hielten fest zusammen. Sie brachen wie Jesus das Brot miteinander, feierten und beteten gemeinsam.

Durch die Apostel geschahen viele Zeichen und Wunder. Alle spürten: Gottes guter Geist begleitet die Menschen.

Alle, die gläubig geworden waren, verkauften ihren Besitz und verteilten den Erlös gerecht untereinander, sodass jeder genug zum Leben hatte. Sie lobten Gott. Die junge Christengemeinde war bei den Menschen sehr beliebt. Ihre Gemeinschaft wurde immer größer.

Station 3
ÜBERSCHRIFTEN

Pfingsten:
Die Jünger werden von Gottes Geist erfüllt

Die Pfingstpredigt des Petrus

Das Leben in der jungen Christengemeinde

Station 4
MERKSÄTZE

GOTTES GEIST macht die Jünger und Jüngerinnen zu mutigen ZEUGEN von Jesu Leben und seiner Botschaft. Auf den Straßen zeigen sie den Menschen: Gottes Geist macht LEBENDIG und gibt KRAFT!

Die Menschen lassen sich von der Begeisterung der Jüngerinnen und Jünger anstecken. Sie werden ebenfalls von GOTTES GEIST ermutigt: Gottes guter Geist schafft neues LEBEN.

Gottes guter Geist und die LEBENSWEISE der jungen Christengemeinde ÖFFNEN die Menschen für die FROHE BOTSCHAFT von Jesus. Viele Menschen lassen sich taufen und glauben.

Station 5
KÜNSTLERISCHE DARSTELLUNGEN

Vorderseite	Rückseite
	Pfingsten: Die Jünger werden von Gottes Geist erfüllt gemalt von: nicht bekannt gemalt im Jahr: ca. 1420
	Pfingsten: Die Jünger werden von Gottes Geist erfüllt gemalt von: Rita Frind gemalt im Jahr: ca. 1990

Vorderseite	Rückseite
	Die Pfingstpredigt des Petrus gemalt von: Thomas Zacharias gemalt im Jahr: 1963
	Die Pfingstpredigt des Petrus gemalt von: Kees de Kort gemalt im Jahr: ca. 1990

Vorderseite	Rückseite
	Das Leben in der jungen Christengemeinde gemalt von: Willy Fries gemalt im Jahr: 1965
	Das Leben in der jungen Christengemeinde gemalt von: Horst Räcke gemalt im Jahr: ca. 1960

▶ Die Farbvorlagen zur Erstellung der Bild-Karten für die Lernzirkelarbeit mit den Kindern finden sich auf den Seiten 150–152.

Station 5
ARBEITSBLATT

Welchen Titel hat das Bild?

Wann wurde das Bild gemalt?

Welcher Künstler/Welche Künstlerin hat das Bild gemalt?

Warum hast du dieses Bild ausgesucht? Begründe!

Was war dem Künstler/der Künstlerin bei der Darstellung besonders wichtig?

Station 6
AUSMALBILDER

Pfingsten:
Die Jünger werden von Gottes Geist erfüllt

Die Pfingstpredigt des Petrus

Das Leben in der jungen Christengemeinde

Station 7
MANDALA MALEN 1

Station 7
MANDALA MALEN 2

Station 7
MANDALA MALEN 3

Mein Pfingstbild

WEITERFÜHRENDE UNTERRICHTSARBEIT

Die Kinder haben sich im **Lernzirkel** intensiv mit den neutestamentlichen **Pfingsterzählungen** beschäftigt. Die neu gewonnenen **Eindrücke** und **Erkenntnisse** gilt es in einer **gemeinsamen Unterrichtsarbeit** zu bündeln und zu sichern. Diese Arbeit kann als **Abschluss** einer Lerneinheit „Pfingsten" eingesetzt werden, in deren Mitte der Lernzirkel stand, **oder** als **Ausgangspunkt** für eine weitere unterrichtliche Beschäftigung dienen, in der der Lernzirkel einen Bestandteil unter anderen bildete.

Im gemeinsamen **Gespräch** und im Erstellen eines **Schaubildes** sollen die Kinder durch gezielte **Anregungen** bzw. **Impulse** durch die Lehrer/innen an die Aussageabsicht der Pfingsterzählungen herangeführt werden. Es geht um das Aufmerksam-werden für die Zeichen und Bilder des Gottesgeistes, von dessen Herabsendung die Pfingstberichte erzählen. Die Kinder sollen zur **Deutung** dieser Zeichen ermutigt und zu ihrem **Verständnis** geführt werden. In einem weiteren Schritt werden sie angeleitet, über die Inhalte der biblischen Erzählungen des Pfingstgeschehens hinaus ein Verständnis für das Wirken des Heiligen Geistes zu entwickeln. Die entscheidenden Aussagen dazu können den Vorbemerkungen zum Lernzirkel entnommen werden.

Pfingsten – das Fest vom Wirken des Heiligen Geistes: Gottes Geist zeigt sich in Zeichen und Bildern und spendet neues Leben

Folgender **Unterrichtsverlauf** hat sich in der Praxis bewährt:

1. In der Mitte eines Stuhlkreises liegt ein **großer Bogen Papier** (z. B. Packpapier). In die Mitte des Papierbogens schreibt der Lehrer/die Lehrerin mit dickem Filzstift: HEILIGER GEIST. Alternativ ist auch die Erstellung eines Tafelbildes möglich.

2. Die Kinder erzählen, was ihnen zu dem Begriff HEILIGER GEIST einfällt. Sie werden sicherlich von den Pfingsterzählungen sprechen, mit denen sie sich im Lernzirkel beschäftigt haben.

Folgende **Begriffe** sollen als Erstes auf dem Papierbogen oder an der Tafel festgehalten werden (vgl. Schaubild auf Seite 131):

- Sturm
- Feuer
- Wasser (Taufe)

3. Diese **zentralen Begriffe** gilt es noch intensiver mit **Inhalt** zu füllen. Die Kinder sollen aus ihrer Erfahrungswelt die Eigenschaften von Sturm, Feuer und Wasser benennen. Folgende Impulse können dabei helfen:

- **Das Zeichen des Sturms:**

  ► Was fällt euch ein, wenn ihr an einen STURM denkt?

  ► *Wind - braust - hat Kraft - weht durcheinander - fegt vieles weg - ist mächtig - kann gefährlich sein - vernichtet - verändert - schüttelt einen - belebt ...*

Die Begriffe, die die Kinder nennen, werden unter das Wort Sturm auf den Papierbogen bzw. die Tafel geschrieben.

- **Das Zeichen des Feuers:**

  ► Überlegt, welche Eigenschaften FEUER hat!

  ► *brennt - ist heiß - wärmt - macht hell - verbrennt- ist gefährlich - vernichtet - verändert - hat Kraft - ist mächtig - schafft Lebensraum (Rodung) ...*

Die Begriffe werden unter dem Wort Feuer ebenfalls festgehalten.

- **Das Zeichen des Wassers - die Taufe:**

  ► Sicherlich kennt ihr die Eigenschaften des WASSERS.

  ► erfrischt - reinigt - man kann darin baden - ist lebensnotwendig - schafft Leben - hat Kraft - ist mächtig - ist gefährlich - man könnte ertrinken - spült weg - verändert ...

  Die Begriffe werden ebenfalls im Schaubild festgehalten.

(Fortsetzung übernächste Seite)

SCHAUBILD

K_ _ _ _ _ (Kirche)

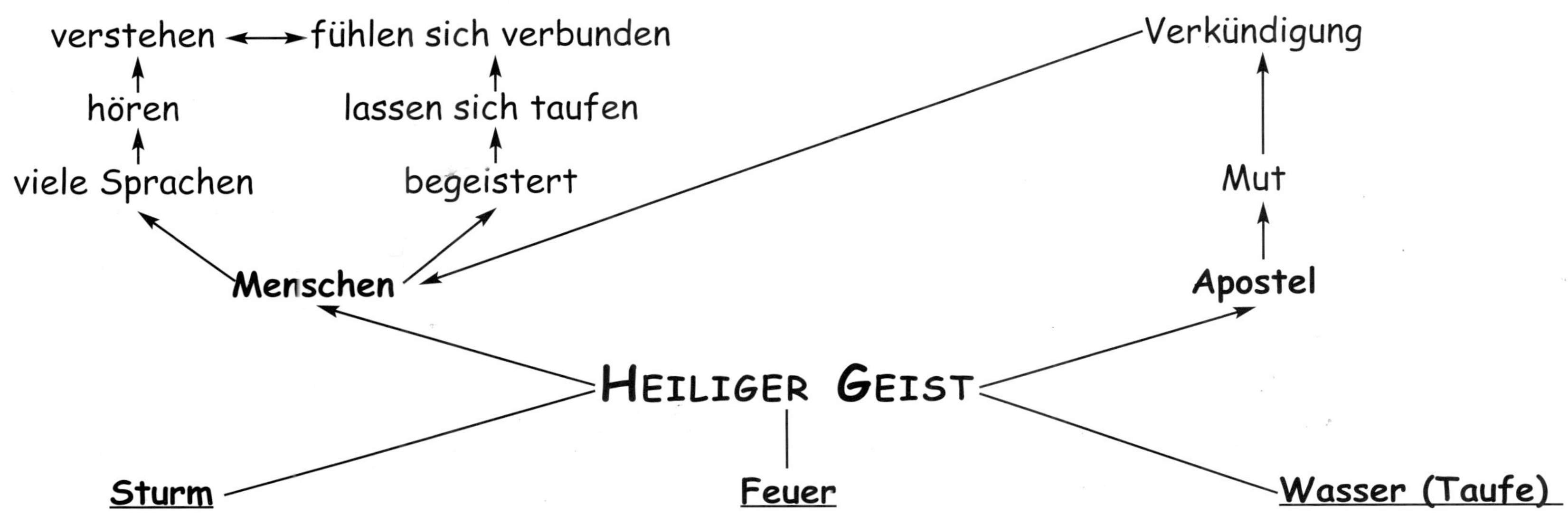

hat Kraft	Wind	brennt	wärmt	hat Kraft	erfrischt
Brausen	gefährlich	verändert	vernichtet	spült weg	ist mächtig
rüttelt auf	verändert	macht hell	hat Kraft	ist gefährlich	reinigt
vernichtet	fegt durcheinander	ist mächtig	gefährlich	lebensnotwendig	verändert
ist mächtig		verbrennt	ist heiß		schafft Leben

4. In diesem Unterrichtsschritt geht es darum, die gemeinsamen Eigenschaften der verschiedenen Naturgewalten im Schaubild bzw. an der Tafel bewusst zu machen.

- Zunächst werden die Begriffe Sturm (lila), Feuer (rot), Wasser (blau) markiert.
- Sturm, Feuer und Wasser sind sehr unterschiedliche Zeichen. Die Kinder werden zum **Vergleich** der Wortsammlungen unter den Begriffen auf dem Schaubild aufgefordert. Dabei entdecken sie bei aller Verschiedenheit der Elemente **Übereinstimmungen**, die sich auf den Heiligen Geist beziehen lassen:

  ► ist mächtig
  ► hat Kraft
  ► verändert

  Diese Begriffe werden in einer einheitlichen Farbe (z. B. grün) **markiert**. Den Kindern soll auf diese Weise deutlich werden, dass die grün markierten Begriffe Aussagen über den Heiligen Geist machen:

  ► Sturm ist mächtig. Feuer ist mächtig. Wasser ist mächtig.
  DER HEILIGE GEIST – Gottes Geist – ist **mächtig**.

  ► Sturm hat Kraft. Feuer hat Kraft. Wasser hat Kraft.
  HEILIGER GEIST – Gottes Geist – hat **Kraft**.

  ► Sturm verändert. Feuer verändert. Wasser verändert.
  HEILIGER GEIST – Gottes Geist – **verändert**.

  Wenn die Kinder während der Erstellung der Wortsammlung die Eigenschaft „gefährlich" (oder auch „vernichtet") für alle drei Zeichen (Sturm, Feuer, Wasser) genannt haben, muss auch dieser Begriff bedacht werden. Er bedarf dann **einer besonderen Erklärung**. Er soll nicht grün markiert werden, da Gottes Geist Leben spendend und nicht Leben vernichtend ist. Folgende Impulse können als Verständnishilfe dienen:

- Warum sind Sturm, Feuer und Wasser so gefährlich? Denkt an Berichte im Fernsehen über Orkane, Waldbrände, Orkane.
  weil sie alles vernichten – weil sie plötzlich kommen – weil der Mensch sich dagegen nicht wehren kann – weil der Mensch gegen diese Kräfte machtlos ist …
- Die Bilder von Sturm, Feuer und Wasser wollen positiv etwas über die Macht Gottes im Vergleich zur Macht der Menschen sagen: Gottes Geist ist nicht durch Menschen aufzuhalten. Er breitet sich aus wie Sturm, wie Feuer, wie Wasser. Doch der Heilige Geist spendet Leben, er vernichtet es nicht.

5. Die Pfingsterzählungen berichten vom **Wirken des Heiligen Geistes**, der plötzlich und unerwartet auf die **Jünger und Jüngerinnen** herabkommt.

   Das Augenmerk der Kinder soll jetzt auf die **Apostel** und auf die **Menschen**, die am Pfingsttag in Jerusalem anwesend sind, gelenkt werden:

   - Der Lehrer/die Lehrerin notiert auf dem Schaubild die Begriffe **Apostel** und **Menschen** (s. vorangegangene Seite).
   - Die Kinder werden auf diesen Impuls hin sicher wieder von den Pfingsterzählungen berichten:
     die Apostel sind überrascht - erstaunt - sie erschrecken sich - sie sind mutig - sie sprechen in verschiedenen Sprachen - die Menschen verstehen sie - die Menschen lassen sich begeistern - Petrus traut sich als Erster vom Tod Jesu und seiner Auferstehung zu berichten - viele lassen sich taufen - die Menschen fühlen sich miteinander verbunden ...
   - Während des Gesprächs mit den Kindern wählt der Lehrer/die Lehrerin die wesentlichen Begriffe aus, die **die Veränderung der Apostel und der Menschen** am deutlichsten ausdrücken. Der Lehrer/die Lehrerin ordnet sie im Schaubild entsprechend an (s. Skizze).

6. Nun wird die **obere Hälfte** des Schaubildes gemeinsam angeschaut. Vom **Heiligen Geist** wird ein Pfeil zu den **Aposteln** eingezeichnet (der Heilige Geist ergreift die Apostel). Ein weiterer Pfeil führt zu **Mut** und **Verkündigung** (die Apostel haben nun den Mut über Jesu Tod und Auferstehung zu sprechen). Ein Pfeil verbindet das Wort **Verkündigung** mit den Menschen (ihre Verkündigung erreicht viele Menschen). Die Wirkung des **Heiligen Geistes** auf die **Menschen** wird durch weitere Pfeile verdeutlicht und zur Sprache gebracht (s. Skizze).

7. In einem abschließenden Gespräch kann der Lehrer/die Lehrerin die Kinder für den Gedanken öffnen, dass **Pfingsten** auch **heute** noch geschieht. Folgende Impulse:

   - Das, was der Heilige Geist in den Menschen damals bewirkte, geschieht auch heute noch:
     Menschen verkünden auch heute noch die frohe Botschaft von Jesus - auch heute lassen sich Menschen taufen, weil sie Christen sein wollen - sie beten miteinander - Christen sorgen füreinander (kirchliche Hilfswerke) - in der Kirche sind Menschen aller Völker und Rassen - trotz der verschiedenen Sprachen verstehen sie sich - etc.
   - Für dieses Miteinander der Christen haben wir einen Namen. Als Impuls schreibt der Lehrer/die Lehrerin über das Schaubild K _ _ _ _ _ . Die Kinder werden so angeregt, den Begriff KIRCHE zu vervollständigen.

8. Als **Abschluss** der gemeinsamen **Unterrichtsarbeit** erfolgt die Bearbeitung der **Arbeitsblätter** (vgl. folgende Seiten):

   - Den Kindern werden in einfachen, eindringlichen Sätzen noch einmal Zeichen und Bilder des Pfingstgeschehens verdeutlicht. Sie sollen jedem Satz ein passendes Zeichen zuordnen.

Zum Abschluss:

Die Kinder können die in der gemeinsamen **Unterrichtsarbeit** erarbeiteten **Ergebnisse** ebenfalls in ihr „Pfingstbuch" einheften, das sie während der Arbeit im **Lernzirkel** angefertigt haben. Dort finden sie nun Bilder und Texte der Pfingsterzählungen, ihre Titel und wichtige Aussagen der biblischen Botschaft, auf die sie immer wieder zurückgreifen können. **Das Gelernte ist gesammelt in der von jedem Kind selbst gestalteten Form.**

Die gesamte hier dargelegte Unterrichtseinheit kann als **solider Grund** dienen, um mit Kindern im Grundschulalter (und daran anschließend) weitere **biblische** und/oder **christologische Themen** zu erarbeiten.

Die Menschen erkennen GOTTES GEIST

Folgende Bilder kennst du aus den Pfingsterzählungen der Bibel. Diese Zeichen sagen den Menschen, was Gottes Geist bewirkt.

Sturm	Feuer	Sprache	Wasser (Taufe)

Gottes Geist treibt hinaus.

Gottes Geist erleuchtet.

Gottes Geist lässt aufhorchen und verstehen.

Gottes Geist schenkt neues Leben.

Gottes Geist rüttelt auf. 

Gottes Geist bringt Wärme unter die Menschen. 

Gottes Geist begeistert. 

Gottes Geist reinigt. 

Deine Aufgabe:

- Schneide die Bilder aus.
- Ordne die pfingstlichen Zeichen den Sätzen zu. Jedes Bild passt zweimal.

Quellenverzeichnis/Abbildungen:

- Weihnachtsbild 1/Seiten 35 u. 138:
  Beate Heinen: Verkündigung an Maria. © ars liturgica KUNSTVERLAG, D-56653 MARIA LAACH, Nr. 4780.
- Weihnachtsbild 4/Seiten 36 u. 139:
  Beate Heinen: Im Stall zu Betlehem. © ars liturgica KUNSTVERLAG, D-56653 MARIA LAACH, Nr. 4716.
- Weihnachtsbild 5/Seiten 37 u. 140:
  Jindra Čapek: Die Hirten auf dem Felde. © Verlag Ernst Kaufmann, Lahr.
- Weihnachtsbild 8/Seiten 38 u. 141:
  Max Wolfhügel: Anbetung der Könige. © Emil Fink Verlag Stuttgart (Kunstkarte-Nr. 994).
- Weihnachtsbild 10/Seiten 39 u. 142:
  Beate Heinen: Flucht. © ars liturgica KUNSTVERLAG, D-56653 MARIA LAACH, Nr. 5238.
- Osterbild 1/Seiten 80 u. 143:
  Jindra Čapek: Jesus ist nicht mehr tot. © Verlag Ernst Kaufmann, Lahr.
- Osterbild 3/Seiten 81 u. 144:
  Beate Heinen: Christus erscheint Maria Magdalena. © ars liturgica KUNSTVERLAG, D-56653 MARIA LAACH, Nr. 5263.
- Osterbild 6/Seiten 82 u. 145:
  Jindra Čapek: Emmausjünger. © Verlag Ernst Kaufmann, Lahr.
- Osterbild 7/Seiten 83 u. 146:
  Ernst Barlach: Das Wiedersehen. © Ernst und Hans Barlach GbR, Lizenzverwaltung Ratzeburg.
- Osterbild 8/Seiten 83 u. 146:
  Der ungläubige Thomas. © Fotorechte ars liturgica KUNSTVERLAG, D-56653 MARIA LAACH, Nr. 5719.
- Osterbild 9/Seiten 84 u. 147:
  Beate Heinen: Abendmahl. © ars liturgica KUNSTVERLAG, D-56653 MARIA LAACH, Nr. 4836.
- Osterbild 10/Seiten 84 u. 147:
  Carme Solé Vendrell: Jesus zeigt sich seinen Freunden.
  In: Die neue Patmos-Bibel. Erzählt von José Maria Rovira Belloso.
  © 1990 Patmos Verlag GmbH & Co. KG, Düsseldorf.

- Osterbild 11/Seiten 85 u. 148:
  Sieger Köder: Ostermorgen am See. © Sieger Köder.
- Osterbild 12/Seiten 85 u. 148:
  Horst Räcke: Berufung der ersten Jünger. © Horst Räcke. In: Gehört und gesehen - 100 Bilder zur Bibel (EHBG).
- Pfingstbild 1/Seiten 119 u. 150:
  Ausgießung des Hl. Geistes, Stundenbuch, Werkstatt des Meisters der Maria von Geldern, um 1420. © Beuroner Kunstverlag (KK 4439).
- Pfingstbild 2/Seiten 119 u. 150:
  Rita Frind: Die Gemeinde von Jerusalem wird mit heiligem Geist erfüllt. In: Die Bibel für Kinder. Ausgewählt und erläutert von Josef Quadflieg. © 1994 Patmos Verlag GmbH & Co. KG, Düsseldorf.
- Pfingstbild 3/Seiten 120 u. 151:
  Thomas Zacharias: Farblinolschnitt zu Apg 2,1-13 (Pfingstgeschehen). © VG Bild-Kunst, Bonn 2002.
- Pfingstbild 4/Seiten 120 u. 151:
  Kees de Kort: Petrus predigt den Menschen. © VG Bild-Kunst, Bonn 2002.
- Pfingstbild 5/Seiten 121 u. 152:
  Willy Fries: Das große Gastmahl. © Persen Verlag GmbH Horneburg.
- Pfingstbild 6/Seiten 121 u. 152:
  Horst Räcke: Die Gemeinde lebt. © Horst Räcke. In: Gehört und gesehen - 100 Bilder zur Bibel (EHBG).

Religionsunterricht – zeitgemäß und kreativ!

Vera Krause

Salam! Der Islam in der Grundschule

Lern-Bausteine für Regelunterricht und Freiarbeit in den Klassen 3 und 4

136 S., DIN A4, kart. Best.-Nr. **3728**

Das reich illustrierte Material in diesem Band ermöglicht es, Kindern im Grundschulalter Grundlegendes über die Glaubens- und Lebenswirklichkeit des Islam zu vermitteln.

- die Religionsgemeinschaft mit ihrer offiziellen Verkündigungs- und Glaubenslehre,
- die Bräuche und Riten des Alltags und
- die besonderen Anlässe im Leben des Einzelnen und der Familie.

Der Band beinhaltet 25 Lern-Bausteine, die mit ihren Informations- und Aufgabenblättern als Kopiervorlagen konzipiert sind.
Das Besondere an diesem Buch ist die Möglichkeit, an der Hand eines „Freundes“ in die Welt des Islam einzutreten: Der muslimische Junge Mohammed spricht die Kinder direkt an und begleitet sie durch das gesamte Material.
Ein Band für alle, die auch ohne besondere Vorkenntnisse mit ihrer Klasse facettenreich und lebendig Religion, Kultur und Lebensweise des Islam kennen lernen wollen!

Ulrike Itze/Martina Plieth

Tod und Leben

Mit Kindern in der Grundschule Hoffnung gestalten

204 S., DIN A4, kart., mit vierfarbigen Abbildungen Best.-Nr. **3584**

CD zum Buch Best.-Nr. **5921**

Wie kann man mit Schülerinnen und Schülern über den Tod sprechen? In diesem Band gehen erfahrene Autorinnen in vier Kapiteln einfühlsam und detailliert auf dieses schwierige Thema ein. Sie setzen sich mit Kinderzeichnungen zum Thema „Tod“ auseinander und bieten konkrete Anregungen und in der Praxis erprobte Unterrichtsvorschläge mit zahlreichen kreativen Gestaltungselementen an, die den Umgang mit dem Thema Leben, Tod und Trauer in der Schule ermöglichen. Die begleitende **Audio-CD** enthält Mitschnitte von typischen Kinderäußerungen zum Thema „Sterben und Tod“; die 45-minütige meditative Musik auf der CD kann im Unterrichtsalltag vielfältig eingesetzt werden.

Brigitte E. Kochenburger

„Frag mich was in Religion!“

Quizspiele für den Religionsunterricht in den Klassen 1–6 und die pastorale Jugendarbeit

144 S., DIN A4, kart. Best.-Nr. **3593**

Hier ist es: das große Quizbuch für den Unterricht in der Schule oder für die Gemeindearbeit! In mehr als 50 Spielvariationen können zahlreiche Themen aus den Bereichen Altes und Neues Testament, Kirche, Klosterleben, Feste im Kirchenjahr, Heilige sowie aus dem Bereich der großen Weltreligionen Judentum, Islam, Hinduismus und Buddhismus auf spielerische und spannende Weise erarbeitet werden.
Alle Spiele sind zum Sofortstart geeignet und vielfach so gestaltet, dass sie von den Kindern und Jugendlichen auch in Eigenregie organisiert und durchgeführt werden können. Die Spiele lassen sich zum Abschluss eines Themas, zur Vertiefung oder auch zur Auffrischung verschiedenster Wissensbereiche einsetzen. So ist das in der Praxis vielfach erprobte Material für den Regelunterricht und die Freiarbeit in der Schule ebenso geeignet wie für die pastorale Kinder- und Jugendarbeit.

Auer **BESTELLCOUPON** Auer

Ja, bitte senden Sie mir/uns

____ Expl. Vera Krause
Salam! Der Islam in der Grundschule Best.-Nr. **3728**

____ Expl. Ulrike Itze/Martina Plieth
Tod und Leben Best.-Nr. **3584**

____ Expl. **CD zum Buch** Best.-Nr. **5921**

____ Expl. Brigitte E. Kochenburger
„Frag mich was in Religion!“ Best.-Nr. **3593**

mit Rechnung zu.

Rund um die Uhr bequem bestellen unter
Telefon: 01 80/5 34 36 17
Fax: 09 06/7 31 78
Internet: www.auer-verlag.de

Bitte kopieren und einsenden an:

Auer Versandbuchhandlung
Postfach 11 52
86601 Donauwörth

Meine Anschrift lautet:

Name/Vorname

Straße

PLZ/Ort

Datum/Unterschrift

E-Mail

Praxisorientiert und topaktuell: Materialien von Auer!